MONOLOGUES

DE

SCHLEIERMACHER

TRADUITS DE L'ALLEMAND

PAR

LOUIS SEGOND

DOCTEUR EN THÉOLOGIE

NOUVELLE ÉDITION

Publiée à l'occasion du jubilé séculaire de la naissance de Schleiermacher

21 NOVEMBRE 1868

***

GENÈVE & BALE

H. GEORG, LIBRAIRE-ÉDITEUR

Paris, Joël Cherbuliez, 33, rue de Seine

MONOLOGUES

DE

SCHLEIERMACHER

TRADUITS DE L'ALLEMAND

PAR

LOUIS SEGOND

DOCTEUR EN THÉOLOGIE

NOUVELLE ÉDITION

Publiée à l'occasion du jubilé séculaire de la naissance de Schleiermacher

21 NOVEMBRE 1868

***

GENÈVE & BALE

H. GEORG, LIBRAIRE-ÉDITEUR

Paris, Joël Cherbuliez, 33, rue de Seine

MONOLOGUES

DE

SCHLEIERMACHER

GENÈVE ET BÂLE

H. GEORG LIBRAIRE-EDITEUR

A MONSIEUR LE PROFESSEUR

ERNEST NAVILLE

Honoré Monsieur et ami,

C'est à vous que je dédie cette seconde édition de ma traduction des *Monologues.*

Les paroles éloquentes que Schleiermacher y fait entendre avaient pour but, en réduisant la matière à ce qu'elle vaut, d'imprimer un meilleur essor à l'esprit et à la volonté des membres de la génération au milieu de laquelle il a vécu.

A l'époque où nous sommes, les aspirations des masses, et même d'hommes d'élite, n'ont pas moins besoin d'être élevées et purifiées.

Et vous consacrez vos forces et vos nobles talents

à asseoir sur de sérieuses et solides bases le spiritualisme chrétien, dont vous êtes le plus digne interprète[1].

Que ce rapprochement me justifie de placer votre nom en tête de cet opuscule.

Genève, 30 novembre 1863.

LOUIS SEGOND, Dr.

[1] Sous le titre *Le Père céleste*, M. Ernest NAVILLE donne en ce moment à Genève une série de conférences publiques, destinées à défendre la notion du théisme chrétien contre les attaques contemporaines dont elle est l'objet. — Il y a quatre ans, la foule se pressait autour du même professeur, pour entendre ses admirables leçons sur la *Vie éternelle*, imprimées dès lors à plusieurs éditions et traduites en diverses langues.

AVANT-PROPOS

DE LA PREMIÈRE ÉDITION

Le 13 février 1834, on pleurait dans Berlin. Et un long cri de douleur se prolongea d'un bout à l'autre de l'Allemagne. . . . Un homme au génie vaste et puissant, aux conceptions franches et originales, philosophe de mérite, prédicateur du premier ordre, et le plus grand théologien du siècle, Schleiermacher était mort !

Je ne veux point tenter ici de le caractériser à ce triple égard. Il faudrait, pour cela, le connaître à fond, et l'avoir soigneusement étudié sous toutes ses faces. Je renonce même à la tâche plus facile de développer, dans une biographie détaillée, les circonstances et les faits qui signalèrent la carrière de notre auteur. Des hommes mieux informés, des amis et disciples de Schleiermacher, ont acquitté cette dette envers sa mémoire[1].

Mon but unique est de soulever un des coins du voile, qui le cache encore à la France, en publiant, dans notre langue, un premier fragment de ses œuvres, destiné à frayer, pour d'autres, la route à une traduction complète.

Entre les diverses formes que Schleiermacher eut le talent de revêtir, je choisirai le *philosophe*. Il y a plus de trente années, sa voix se faisait entendre en Allemagne, dans un petit livre, qu'il avait intitulé : *Monologues, Présent d'Étrennes*[2]. C'est cette même voix que j'es-

---

[1] Je renvoie, en particulier, aux Notices, publiées en Allemagne par Baumgarten-Crusius, professeur à Iéna, et par Lücke, professeur à Göttingen. Rappelons seulement que Schleiermacher, né à Breslau, le 21 novembre 1768, passa ses premières années chez les Herrnhutes, à Nierky, et devint ensuite prédicateur et professeur à Berlin.

[2] *Monologen, eine Neujahrsgabe*. La date de la première édition ne m'est pas exactement connue; la seconde est de 1810, et la quatrième, que j'ai suivie, de 1829. — Schleiermacher marqua encore comme philologue : nous lui devons cinq volumes d'une traduction de Platon, en langue allemande.

j'essaierai de répéter, aujourd'hui que le prophète est dans la tombe. Je redirai, avec joie et sympathie, ces paroles d'amour et de liberté, que jadis il proféra ; elles pourront apprendre à quelques-uns à n'estimer la matière que ce qu'elle vaut, à s'étudier eux-mêmes, à donner à leur esprit l'activité qu'il réclame, et à faire cas de la puissance de leur volonté; elles ranimeront chez plusieurs, peut-être, l'imagination languissante, et encourageront le vieillard à se parer, jusqu'à la fin, de jeunesse et de vie.

Schleiermacher ne fut point de ces hommes qui enseignent une chose et en croient une autre, et dont la conduite fait contraste avec les doctrines. Sa vie entière, au contraire, ne fut qu'une confirmation de ses principes. Esprit ferme et indépendant, il se conserva tel jusqu'à la mort, et jamais il ne rétracta rien. A l'âge de soixante-cinq ans, faible et maladif, il triomphait de la douleur, se montrait toujours jeune, et aimait comme à trente.

Chez les savants de l'Allemagne, l'enveloppe des idées porte, à l'ordinaire, le sceau d'une négligence, qui déplaît aux Français. Schleiermacher fait exception. Son style brille par le feu et le coloris, il est vif, animé, dramatique, pittoresque, l'expression est souvent originale et hardie, comme la pensée.

Que dire, après cela, de cette traduction des *Monologues?* Qu'elle est faible et décolorée, si on la compare à l'allemand. Sans doute : et chacun le comprendra, mais mieux encore ceux qui, connaissant les difficultés de l'original, s'étonneront qu'elles ne m'aient point rebuté. J'ai lutté, comme je l'ai pu. Respecter toutes les nuances de l'allemand, les revêtir d'une forme française, sans craindre, toutefois, de conserver des images qui ne nous sont point familières, mais qui servent à caractériser l'auteur : tel a été mon idéal. Jusqu'à quel point ai-je réussi? Je l'ignore. J'ai accompli ma tâche : à la critique de faire la sienne, si elle daigne prendre garde à cet opuscule.

Genève, le 1er janvier 1837.

Louis SEGOND, Dr.

MONOLOGUES

DE

SCHLEIERMACHER

DÉDICACE

De tous les présents que l'homme peut faire à son semblable, aucun n'est la preuve d'un attachement plus profond, que la communication de ses entretiens avec lui-même au dedans de son âme : un pareil don, en effet, lui dévoile le premier des secrets, puisqu'il lui permet de plonger, sans distraction, les regards sur l'intérieur d'un être libre. Aucun présent n'est plus réel : car, la joie que tu éprouveras, à la pure contemplation d'une vie à laquelle tu es ainsi lié, t'accompagnera toute ta carrière, et une vérité intime fixera ton amour, en sorte que tu trouveras un plaisir toujours nouveau à en faire l'objet de tes méditations. Aucun présent, enfin, n'est plus facile à préserver de la convoitise ou de la malice d'autrui : il n'y a là rien qui puisse attirer et séduire quiconque n'a pas de droit sur lui, ou dont il soit possible d'abuser dans un but abject et mauvais.

Quelqu'un jette-t-il un œil d'envie sur notre trésor, et cherche-t-il à t'en démontrer le peu de valeur, par des signes qui échappent à ton bon sens : oh ! alors puissent l'amère critique et la fade moquerie ne point t'enlever ce qui cause ta joie ! Et jamais je ne me repentirai de t'avoir fait part de ce que j'avais.

Reçois donc ce présent, toi qui peux comprendre les accords mystérieux de l'âme !

Qu'il y ait une suave harmonie entre tes sentiments et les miens! Que cette sorte de puissance magnétique qui te pénètre avec douceur, cette étincelle électrique qui te secoue, à l'approche de mon âme, devienne pour toi un stimulant, qui ajoute sans cesse de nouvelles forces à ta vie!

MÉDITATION

I

MÉDITATION

Le monde extérieur, avec ses lois éternelles, comme avec ses phénomènes les plus fugitifs, semblable à un miroir magique, réfléchit sur nous, en mille tableaux touchants et sublimes, tout ce que notre nature présente de plus élevé et de plus intime. Ces bienfaisantes images, dont le doux attrait doit redonner de la vie aux sens émoussés, et instruire en amusant, sont perdues pour ceux qui n'obéissent pas aux instantes invitations de leur sentiment, et qui ferment l'oreille aux soupirs de leur âme. Ils se méprennent sur la vraie signification, et sur le but réel, même de ce que la raison a découvert, et doit constamment reproduire.

C'est ainsi, par exemple, que nous divisons la ligne infinie du temps, en distances égales, par des points, dont nous déterminons d'ordinaire la place arbitrairement, et sur les plus légères apparences. Or, ces points sont entièrement indifférents pour la vie, parce que tout en elle repousse des pas mesurés ; et rien ne peut se régler d'après eux, ni l'édifice de nos œuvres, ni le cercle de nos sensations, ni les jeux de notre destinée. Et cependant, en établissant ces divisions, nous entendons faire plus que faciliter le travail à celui qui veut retenir des nombres, ou fournir au chronologiste un instrument précieux ; mais plutôt, à cet acte se lie, inévitablement, dans chaque homme la pensée sérieuse qu'une division de la vie est possible. Bien peu toutefois pénètrent le sens profond de cette allégorie, et comprennent la manifestation réitérée de ce besoin.

Au jugement de la multitude, l'homme ne connaît que son existence actuelle et sa marche glissante du faîte des jouissances dans la nuit terrible de l'anéantissement. Une main invisible, embrouillant et débrouillant idées et sensations, tire le fil de sa vie, et le tord tantôt plus lâche, tantôt plus serré : et il n'y a rien au delà. Plus la suite de ses pensées et de ses sentiments est rapide, leur succession riche, et leur liaison harmonique et intime, plus admirablement aussi est accomplie, disent-ils, l'importante machine de son existence. Quiconque enfin peut expliquer tout l'organisme de la vie d'une manière mécanique, et montrer les ressorts les plus cachés, par lesquels il est mis en jeu, celui-là a atteint le plus haut degré de l'humanité et de la connaissance de soi-même..

Ceux qui raisonnent ainsi, prennent le reflet de leur activité pour cette activité même, les points extérieurs, par où leur force est en contact avec ce qui n'est pas elle, pour son essence la plus intime, et l'atmosphère pour le monde, autour duquel elle s'est formée. Comment de tels hommes comprendraient-ils ce que signifie le besoin que nous éprouvons de diviser le temps, si, en présence d'un pareil acte, ils se bornent au rôle de spectateurs, sans se donner la peine de réfléchir?

Le point qui coupe une ligne, n'est pas une partie de cette ligne : il se rapporte à l'infini tout aussi bien, et plus directement encore, qu'à elle-même ; et, dans toute sa longueur, tu peux placer un tel point. De même, le moment où tu divises le sentier de la vie, ne constitue pas une partie de la vie temporelle : il doit se manifester différemment, et prendre une autre forme, afin d'éveiller en toi la conscience immédiate de tes rapports avec l'éternel et l'infini. Partout donc où cela te plaît, tu peux ainsi arrêter et couper le fleuve de cette vie.

Aussi, voyant là un appel significatif à ce qu'il y a de divin en moi, je me réjouis de cette belle invitation à une existence immortelle, en dehors de l'empire du temps, et dégagée des lois qui le régissent.

Mais ceux qui, méconnaissant cet appel à une vie plus élevée, ne l'écoutent point au milieu du torrent rapide de leurs sentiments et de leurs pensées, ceux-là se montrent également sourds, lorsque, sans savoir ce qu'ils font, ils mesurent le temps, et divisent la vie terrestre. Oh! s'ils pouvaient ne prêter aucune attention à ce qui doit leur être dit, afin que leurs vains efforts, pour répondre à cette auguste invitation, n'affectent pas douloureusement mon âme! Ils peuvent bien aussi s'attacher à un point qu'ils ne considèrent pas comme d'une durée fugitive; mais ils ne sauraient y voir l'éternité. Souvent pour un instant, quelquefois pour une heure, et même pour un jour, ils s'affranchissent de l'obligation de mener une existence aussi active, et de poursuivre jouissances et lumières aussi ardemment que le réclame d'ailleurs d'eux même la plus petite portion de la vie, en les avertissant que bientôt elle appartiendra au passé, tout comme peu auparavant elle était encore du domaine de l'avenir. Puis, ils prennent du dégoût pour observer, pour utiliser, ou pour produire quelque chose de nouveau. Ils s'asseyent au bord du rivage de la vie, et tout ce qu'ils peuvent faire, c'est de laisser tomber, en souriant, des pleurs dans le sein de l'onde qui s'écoule. Animés, pour ainsi dire, de cette fureur mélancolique, qui égorge femmes et enfants sur la tombe d'un homme, ils immolent, sur celle de l'année, le jour qui s'est consumé en futiles idées : hélas ! inutile sacrifice !

La réflexion et la méditation n'existent point pour quiconque ne reconnaît pas là l'essence de l'esprit. Celui qui ne voit en soi rien d'étranger à cette vie cherche inutilement à en briser les liens. Où pourrait-il aborder, après en avoir quitté le fleuve, et à quoi aboutiraient ses efforts, sinon à d'infructueuses souffrances, et à l'amère pensée de l'anéantissement ?

L'un compare et pèse les jouissances et les soucis du passé : il veut réduire en une seule image, et placer sur le foyer des souvenirs, la lumière qui brille encore derrière lui, dans un lointain qu'il a parcouru. Un autre examine ce qu'il a fait ; il se plaît à évoquer les combats qu'il a livrés au monde et au destin ; et, tout joyeux du résultat, il mesure du regard, sur le sol de l'indifférente réalité, le monument qu'il est parvenu, non sans peine, à ériger, quoiqu'il soit resté, en tout, bien en arrière de ce qu'il s'était proposé. Un troisième recherche ce qu'il a appris ; et, se promenant avec orgueil au milieu du vaste champ de ses connaissances, il se réjouit de les voir en si grand nombre se presser dans sa tête.

O conduite puérile d'une vanité présomptueuse !

Le premier ne songe plus aux peines enfantées par l'imagination, et que la mémoire a eu honte de conserver. Le second oublie l'appui que le monde et le destin lui ont prêté, malgré son désir actuel de ne saluer l'un et l'autre qu'avec inimitié. Le dernier ne fait pas entrer en ligne de compte la circonstance que des choses nouvelles ont pris chez lui la place des anciennes, et qu'il est des idées et des pensées, qu'il a perdues derechef, en en acquérant d'autres : de telle sorte que le calcul n'est jamais juste. Et le fût-il, combien je suis péniblement affecté, en songeant que des hommes puissent croire que c'est là s'examiner soi-même, que cela s'appelle se connaître !

Aussi, voyez de quelle manière misérable se termine cette œuvre importante ! L'imagination se saisit du tableau fidèle du passé, elle le transporte dans l'avenir, l'embellit de mille ornements nouveaux, et toutefois jette souvent en arrière sur l'image primitive un regard accompagné de soupirs. Le dernier fruit d'un pareil examen se réduit donc à cette vaine espérance d'un avenir meilleur, ou à cette plainte vulgaire que c'en est fait de ce qui a été si beau, et que la matière de la vie, s'altérant de jour en jour davantage, annonce la fin prochaine d'une si brillante flamme. Ainsi, le temps imprime, avec d'inutiles souhaits et des plaintes frivoles, une marque douloureuse sur ses esclaves qui voudraient échapper, et traite le meilleur à l'égal du plus mauvais, puisqu'il en fait tout aussi sûrement sa proie.

Celui qui ne connaît et ne voit que les phénomènes sensibles de cette activité résidant au fond de son âme, qui, au lieu de s'examiner soi-même, ne fait que poursuivre, de près ou de loin, une image de la vie du dehors et de ses vicissitudes, celui-là demeure un esclave du temps et de la nécessité; ses pensées en portent le cachet, en sont la propriété, et il a beau croire qu'il s'observe lui-même, jamais il ne lui est permis de fouler le domaine inviolable de la liberté. Car, dans le tableau qu'il se trace de sa personne, il est devenu, à ses yeux, un objet extérieur, comme un objet quelconque l'est pour lui : tout y est déterminé uniquement par des rapports extérieurs. L'aspect sous lequel son existence lui apparaît, ses idées et ses sentiments à ce sujet, tout dépend de ce que le temps lui a apporté, et de la nature des choses qui l'ont impressionné. — Celui qui, poussé par des désirs sensuels, ne cherche que la jouissance, juge sa vie pauvre ou riche, selon qu'il s'est écoulé peu ou beaucoup de moments agréables, en un temps égal ; et il se plaît, ou non, à en contempler l'image, suivant que la portion la plus favorable s'est trouvée au commencement ou à la fin. — Celui qui voudrait se façonner une vie bienséante et honorable, dépend du jugement des autres sur son propre compte, du terrain sur lequel il a marché, et des matériaux fournis à son travail par le destin. Il en est de même pour celui qui désirerait signaler sa carrière par des bienfaits.

Tous ceux-là courbent la tête sous le sceptre de la nécessité, et soupirent sous le joug maudit du temps, qui ne laisse rien subsister.

Ce que ces hommes éprouvent au sujet de la vie, me semble pouvoir être comparé à l'effet que produit sur le demi-connaisseur une harmonie, riche en sons variés, qui retentissent à l'oreille, puis s'en vont peu à peu se perdre dans les airs : son imagination est travaillée par ce dernier écho, et soupire après des accents qui ne reviennent plus. Et certes, la vie n'est qu'une harmonie fugitive, due au contact de ce qui est passager avec ce qui est éternel. Mais l'homme est pareil à la voix mélodieuse, d'où elle s'échappe : c'est un objet toujours nouveau pour qui le contemple. Son activité la plus intime, dans laquelle réside sa véritable essence, s'offre pleinement à mes regards : dès que je les approche, je me sens sur le sol sacré de la liberté, et dégagé de toutes honteuses entraves. Aussi dois-je avoir l'œil ouvert sur moi-même, non-seulement afin de ne pas permettre qu'un seul moment de ma vie s'écoule comme portion du temps, mais afin de le retenir comme élément de l'éternité, et de le considérer comme appartenant à la vie intérieure et libre.

Il n'est de liberté et d'infini que pour celui qui, dans sa personne, et dans le monde, sait bien distinguer son *moi* de ce qui y est étranger, et a clairement résolu la grande énigme, relative au mode de séparation et d'action réciproque de ces deux choses : énigme, dans les profondes ténèbres de laquelle des milliers encore s'agitent, et sont obligés, leur propre lumière une fois éteinte, de poursuivre aveuglément les apparences les plus trompeuses.

Aux yeux de la multitude, le monde extérieur, dépouillé de tout ce qui est esprit, est la première et la principale chose : l'esprit n'est qu'un hôte insignifiant qui en habite la surface, sans connaître avec certitude ni sa place, ni la mesure de ses forces. —Pour moi, l'esprit, c'est-à-dire le monde intérieur, peut hardiment se comparer avec le monde extérieur, empire des objets et de la matière. L'union de l'esprit avec le corps n'est-elle pas le signe d'une plus grande union avec tout ce qui ressemble au corps ? Ne puis-je pas saisir, avec la force de mes sens, le monde extérieur ? Est-ce que je ne porte pas éternellement en moi les formes éternelles des objets ? et ne sont-ils pas ainsi, à mes yeux, uniquement comme un miroir, qui réfléchit clairement mon intérieur?

La multitude se sent remplie de vénération, et même terrassée de crainte, à la pensée de la grandeur infinie de la matière terrestre, et du poids énorme de ces masses, au milieu desquelles elle s'aperçoit si petite et si insignifiante. — Pour moi, tout cela n'est que le corps immense et commun de l'humanité, lui appartenant comme chaque corps appartient à chaque homme. Il n'a d'existence possible que par l'humanité même, à laquelle il a été donné, pour qu'elle le gouverne, et se manifeste par son moyen. L'activité libre de l'humanité est dirigée sur ce corps, pour en observer tous les mouvements, pour le former, pour en employer les organes comme les siens propres, pour en marquer et en animer toutes les parties avec cet esprit dominateur, qui la caractérise.

Ainsi, la terre est le théâtre de mon activité libre ; et cette dernière subsiste même dans les sentiments que le monde extérieur semble seul m'imposer, et dans ceux que j'éprouve, en me voyant soumis aux mêmes lois que lui et que le grand tout. Rien n'est le résultat pur de l'action du monde sur moi; il y a toujours aussi action de moi sur le monde, et je ne me sens pas plus gêné par lui que par mon propre corps. Mais, ce que véritablement j'oppose à l'homme individuel, ce qui pour moi est immédiatement monde, renfermant en soi toute-présence et toute-puissance, c'est la communauté éternelle des esprits, leur influence réciproque, leur développement mutuel, c'est la sublime harmonie de la liberté. C'est à ce monde-là qu'il appartient d'agir sur moi, de changer et de façonner mon être. Ici, mais seulement ici, apparaît l'empire de la nécessité. Mon activité est libre ; mais il en est autrement de ses effets dans le monde des esprits : ils sont soumis à des lois éternelles. La liberté se heurte contre la liberté, et le résultat de ce choc porte les marques de la communauté des esprits et des limites imposées par la nécessité.

Oui, tu es partout le premier des biens, sainte liberté! Tu habites en moi, tu habites dans tous. La nécessité est placée hors de nous, elle est l'accent positif du beau choc de la liberté, et son existence est annoncée par ce choc. Ce n'est que comme être libre que je puis m'envisager ; la main de la nécessité ne pèse pas sur mes actions, mais seulement sur leurs effets, c'est-à-dire sur les éléments du monde, à la formation duquel je concours avec tous les hommes. A la nécessité appartiennent les œuvres, que, sur un sol commun, j'ai édifiées comme ma part de la création, qui représente nos pensées intimes. A elle appartient la nature de nos sentiments, qui tantôt s'élèvent, tantôt s'abaissent. A elle, enfin, appartiennent les images qui viennent et disparaissent, et les modifications que le temps fait subir à l'âme, signes que les esprits se rencontrent avec amour ! baisers de l'amitié, qui ne cessent de se répéter sous des formes toujours nouvelles !

Cela se passe, pareil à la danse des Heures, mélodieusement réglée d'après la mesure du temps ; la liberté toutefois produit l'harmonie, et donne le ton, et tous les passages touchants sont son œuvre, car ils proviennent de l'activité intime et du génie de l'homme lui-même.

Je regarde donc la liberté comme le principe et l'âme de toutes choses. Quand je rentre en moi, pour la contempler, mon regard se soustrait à l'empire du temps, et se délivre des barrières de la nécessité. Alors, tout sentiment oppressif de servilité s'évanouit, mon esprit découvre sa puissance créatrice, la lumière de la divinité commence à briller sur moi, et chasse bien loin, derrière elle, les nuages, au milieu desquels la foule s'égare tristement, et s'agite. La connaissance de moi-même, à laquelle j'arrive par la méditation, ne dépend ni de la destinée, ni du sort. Elle ne dépend pas non plus des heures de joie, que j'ai moissonnées, ni des progrès et des résultats de mon activité, ni du triomphe de ma volonté sur les objets extérieurs. Car, tout cela n'est pas moi, mais seulement le monde.

Mon activité pouvait avoir en vue d'adapter à l'humanité le vaste corps de celle-ci, de le nourrir, d'en fortifier les organes, de le former, mimiquement et ingénieusement, à devenir un miroir du sentiment et de la raison. La circonstance que ce corps était propre à mon service, et que j'en trouvai la masse grossière aisée à façonner et à gouverner, indique, il est vrai, l'empire que la liberté de tous a déjà exercé sur lui, et jusqu'où peuvent s'étendre les conséquences de ce fait. Mais la force intrinsèque de mon activité n'est pas déterminée par là : que les conditions extérieures de celle-ci soient favorables ou défavorables, je ne me sens pas, pour cela, meilleur ni plus mauvais, et je ne trouve pas que le monde ait limité ainsi, avec une nécessité de fer, ce que je puis valoir. Et, de même que la douleur n'arrache pas facilement à un âme forte et saine son empire sur le corps, de même aussi je me sens libre, en animant et en gouvernant la matière brute, qu'il en résulte de la souffrance ou de la joie. L'une et l'autre annoncent la vie intérieure : or, celle-ci est l'œuvre et le produit libre de l'esprit.

Ou bien, mon activité pouvait avoir en vue de fixer l'humanité en moi, de donner à l'une de ses faces une figure et des traits caractéristiques, et, tandis que je travaillais ainsi à mon propre développement, de contribuer à la fois à celui du monde, en offrant à la communauté des esprits libres, une activité particulière et indépendante. Peu importe à l'observateur que mon activité ait, ou non, produit immédiatement quelque chose, qui ait aussi de la valeur pour d'autres, et en dehors de moi, et qu'elle se soit, promptement ou non, unie à l'activité d'un autre. Quoi qu'il en soit, elle n'a pas été vide de résultats. Si j'ai seulement acquis plus d'individualité et d'indépendance, j'ai par là même établi le principe, en vertu duquel l'activité d'un autre, rencontrant la mienne, engendrera, tôt ou tard, par cette union, des effets visibles, et distincts des premiers.

Voilà pourquoi jamais la méditation sur moi-même ne me laisse de tristes retours. Voilà pourquoi jamais je ne profère des accents lamentables sur ma volonté brisée, ou sur mes résolutions vaincues : bien différent de ces hommes, qui ne sondent point leur cœur, et s'imaginent se reconnaître eux-mêmes seulement dans leurs actes extérieurs et isolés.

Avec la même clarté que les choses intérieures se distinguent, à mes yeux, des extérieures, je sais aussi qui je suis ; et je ne trouve que moi dans ce qui se passe au dedans de mon âme, tout comme à l'extérieur je ne trouve que le monde. Je sais fort bien séparer ces deux classes de phénomènes, sans flotter entre l'une et l'autre, à l'instar de la multitude, dans une obscurité pleine de confusion. Je sais encore où il faut chercher la liberté, ce sentiment sacré qui se refuse constamment à l'homme, dont le regard ne s'arrête que sur la vie et les actions extérieures de ses semblables. Il a beau s'enfoncer dans les milles labyrinthes de la méditation, en se livrant à la divagation de ses pensées, il a beau pouvoir aisément venir à bout de tout : la notion de liberté n'en demeure pas moins fermée à son intelligence. Non-seulement, il obéit à la nécessité ; mais, dans sa sagesse superstitieuse, dans son humilité servile, il doit la chercher, il doit la croire, même là où il ne la voit pas. La liberté ne lui paraît qu'un masque, derrière lequel se cache la nécessité, tantôt par plaisanterie, tantôt sérieusement, pour le tromper.

C'est ainsi que, les actions et les pensées de l'homme sensuel étant purement extérieures, il n'aperçoit les choses qu'extérieurement, et sans liens entre elles. Il ne peut, en outre, s'envisager lui-même que comme une source de phénomènes passagers, dont l'un fait disparaître et anéantit sans cesse le suivant, et qui ne présentent jamais un ensemble à saisir. L'image complète de son être se résout, pour lui, en mille contradictions. Sans doute, dans les faits extérieurs, un détail contredit l'autre : l'activité étouffe la souffrance, la pensée détruit le sentiment, et la méditation contraint au repos les forces, qui, sans elle, se porteraient au dehors. Mais, dans l'intérieur de l'homme, tout est un, chaque acte sert, à la fois, de complément à un autre, et le renferme en lui.

Aussi, la contemplation de moi-même m'élève bien au-dessus des détails, qui offrent à l'œil une série déterminée, et des limites fixes. Il ne se passe en moi aucun acte, que je puisse considérer dans son isolement, et dont je puisse dire alors qu'il constitue un tout. Chaque acte me ramène toujours à l'unité parfaite de mon être, où rien n'est divisé, et où tout élément de mon activité en accompagne un autre. Ma méditation ne rencontre pas de limites, et ne doit jamais atteindre un terme, si elle veut conserver sa vigueur. Or, tout mon être me devient inintelligible, si je ne porte mes regards sur l'humanité, et ne me fixe un lieu et une position dans son empire; et, qui pourrait se la représenter, sans être rempli du désir ardent de se perdre, par ses méditations, dans le domaine immense de l'esprit, sous toutes ses formes et dans tous ses degrés?

C'est donc la contemplation élevée de moi-même, qui me met en état de satisfaire à ce que demande de moi cette vérité sublime, que l'homme doit traverser la vie, non pas uniquement comme un être mortel dans le domaine du temps, mais aussi comme un être immortel dans celui de l'éternité, non pas uniquement comme une créature terrestre, mais aussi comme une créature divine.

Mes actions, ici-bas, s'écoulent aisément dans le fleuve de la vie; mes idées et mes sentiments se succèdent, sans que j'aie la puissance d'en retenir aucun. Le théâtre, que je me suis construit en jouant, passe d'un vol rapide, et l'onde m'emporte, sur sa vague, sans cesse au-devant de ce qui est nouveau. Mais, aussi souvent que je rentre en moi-même, je suis, à l'instant, dans l'empire de l'éternité, je contemple la vie de l'esprit, que le monde ne saurait changer, ni le temps détruire, et qui est, au contraire, le principe et du temps et du monde. Il n'est pas besoin, non plus, de l'heure qui sépare une année de la suivante, pour m'appeler à la jouissance des biens éternels, et pour éveiller en moi l'œil de l'esprit, fermé sans doute pour plusieurs, quoique leurs cœurs continuent à battre, et leurs membres à se mouvoir. Celui qui, une fois, a goûté de la vie en Dieu, voudrait constamment en jouir : or, si l'homme accompagne chacune de ses actions d'un regard sur les secrets de l'esprit, il peut, à toute heure, vivre au delà du temps, dans un monde plus élevé.

Les sages disent : Vivre, et se plonger dans les profondeurs de la méditation, sont deux choses distinctes. Contente-toi modestement d'une seule, car, tandis que tu es emporté, par le temps, au milieu des affaires du monde, tu ne pourrais, à la fois, t'examiner tranquillement dans ton essence la plus intime.

Les artistes disent : Lorsque tu crées un

tableau, ou que tu composes un poëme, ton âme doit être entièrement perdue dans son œuvre, et ne pas savoir ce qu'elle fait.

Ose-le seulement, mon âme, en dépit de l'avertissement de ces sages! Précipite-toi au-devant de ton but : peut-être est-il différent du leur. L'homme peut plus qu'il ne le croit : cependant, lorsqu'il dirige ses efforts vers ce qu'il y a de plus élevé, il n'en atteint qu'une partie. Les pensées les plus secrètes et les plus profondes du sage peuvent influer sur le monde, en se communiquant à lui, et en l'instruisant : pourquoi donc ne pourrait-on pas agir à l'extérieur, d'une manière quelconque, et, en même temps, réfléchir en silence sur cette action? Si la méditation est la source divine de toute peinture et de toute poésie; si l'artiste ne trouve qu'en soi des inspirations pour composer un ouvrage immortel : pourquoi, à chaque produit de son pinceau, ou de sa verve poétique, produits qui ne sont autre chose que l'expression de son âme, ne doit-il pas aussi reporter les regards au dedans de lui? Ne divise pas ce qui est uni pour toujours, ton propre être, qui ne peut se passer ni de son activité, ni de la conscience de son activité, sous peine de s'anéantir lui-même! Remue tout dans le monde, exécute ce qui est en ton pouvoir, abandonne-toi au sentiment de ta faiblesse naturelle, use de tous les moyens possibles pour rallier les cœurs, produis au dehors ton individualité, marque de ton empreinte tout ce qui t'entoure, travaille au bien sacré de l'humanité, attire à toi les âmes, avec lesquelles tu sympathises ; mais ne cesse jamais d'avoir les yeux sur toi-même, sache ce que tu fais, et reconnais la nature et la portée de ton activité.

L'idée que les mortels se font de la Divinité, à laquelle ils ne peuvent atteindre, renferme pourtant un bel emblème de ce que doit être l'homme. Il n'a qu'à vouloir, et le monde est soumis à son esprit. Le plus haut point de la liberté, c'est son activité, qui s'exprime par la variété de ses actions, lesquelles concourent à former le monde, et, comme il ne perd jamais la conscience de son identité, il goûte une vie des plus heureuses. Ainsi, l'esprit se suffit à lui-même : puisqu'il est l'objet de sa propre méditation, jamais la méditation et l'objet ne se font réciproquement défaut.

C'est de la même manière encore, que les hommes ont imaginé l'immortalité. Mais ils se contentent de la chercher après cette vie, au lieu de la poursuivre, tout ensemble, pendant la vie et au delà de la vie. De telle sorte, que leurs fables sont plus sages qu'eux-mêmes.

L'activité intérieure n'apparaissant à l'homme sensuel que comme un reflet de l'activité extérieure, ils ont placé l'âme, pour l'éternité, dans le royaume des ombres, et ils ont pensé que, là, une mesquine image, seulement, de son activité primitive lui conserve une existence obscure. Mais ce que leur pauvre raison reléguait dans les ténèbres souterraines, est, à mes yeux, plus réel que l'Olympe; et je salue, dès ici-bas, ce royaume des ombres, comme une première image de la vérité! — Ils regardent bien la Divinité comme résidant au delà du monde actuel; et, afin de la louer et de la contempler, ils ont à toujours, après sa mort, délivré l'homme des limites du temps. Mais, déjà maintenant, l'esprit plane au-dessus du monde temporel : or, une telle contemplation n'est autre chose que l'éternité, et la jouissance des chants immortels.

Commence donc; dès à présent, ta vie éternelle, en t'examinant sans cesse. Ne t'inquiète pas de l'avenir, et ne pleure point pour ce qui passe; mais, songe à ne pas te perdre toi-même, et pleure, si tu t'abandonnes au fleuve de la vie, sans porter le ciel au dedans de toi.

EXAMEN

4

II

EXAMEN

Les hommes ont peur de voir au dedans de leur âme, et beaucoup tremblent comme des esclaves, lorsqu'ils cessent enfin de pouvoir échapper à ces questions: Qu'avons-nous fait? que sommes-nous devenus? qui sommes-nous? C'est une affaire qui les inquiète, et dont le dénouement pour eux est incertain.

Ils pensent qu'il est plus facile de connaître son semblable, que de se connaître soi-même; et ils croient ne faire preuve que d'une louable modestie, lorsqu'après l'examen le plus sévère, ils admettent la possibilité d'une erreur, dans le compte qu'ils ont dressé. Cependant c'est la volonté seule, qui cache l'homme à lui-même; il ne se tromperait point dans son jugement, pourvu qu'il dirigeât réellement les regards sur sa personne. Mais c'est là ce qu'ils ne peuvent, ni ne veulent. Ils sont entièrement retenus dans les liens du monde et de la vie; et, bornant à dessein leur vue, pour ne pas remarquer autre chose, ils n'aperçoivent de leur propre nature qu'une ombre mal dessinée, qu'un reflet prestigieux.

Je ne puis connaître mon semblable que par ses actions, car sa vie intérieure ne se dévoile point à mes yeux. Jamais je ne puis savoir, d'une manière immédiate, quel a été précisément l'objet de ses efforts; je me borne à comparer ses actions entre elles, et ce n'est qu'avec incertitude que je soupçonne le but de son activité, et l'esprit qui l'animait. Mais honte à qui s'examine soi-même, uniquement comme un étranger en examine un autre! Honte à qui ignore sa propre vie intérieure, et se croit au plus haut degré de la sagesse, lorsque, épiant sa dernière résolution sur un acte extérieur, il la rapproche du sentiment qui l'accompagne, de l'idée qui la précédait immédiatement ! Comment un tel homme peut-il jamais en connaître un autre, ou se connaître lui-même ? Si l'on conclut de l'extérieur à l'intérieur, à quoi sert une hypothèse chancelante pour celui qui, ne bâtissant sur rien de parfaitement solide, ne veut employer, dans ses calculs, que des grandeurs inconnues ? Une crainte perpétuelle de l'erreur le jette dans l'anxiété ; le sombre pressentiment qu'il en est lui-même la cause, serre son cœur ; et ses pensées s'agitent avec effroi, en présence de cette faible voix de la conscience, qui est descendue, hélas ! jusqu'au rôle de geôlier, et qu'il doit porter avec lui, et entendre souvent avec déplaisir.

S'ils veulent sonder avec droiture l'activité intérieure, qui est le principe de leur vie, c'est à juste titre qu'ils craignent de ne point y reconnaître toujours la raison, et de voir la conscience, ce langage secret de l'humanité, gravement atteinte. Car, celui qui n'a pas réfléchi sur sa dernière action, ne peut pas non plus répondre de prouver, à la suivante, qu'il appartient à l'humanité, et qu'il s'en montre digne. S'il a rompu, ou n'a jamais ourdi le fil de la conscience intime, et qu'une fois livré aux idées extérieures et à d'ignobles sentiments, il ait méconnu les signes les plus manifestes d'une nature plus relevée, comment peut-il savoir s'il ne s'est pas ravalé au rôle grossier de la brute ?

Rechercher l'humanité au dedans de soi, et quand on l'a une fois trouvée, n'en point détourner le regard : voilà l'unique et sûr moyen de ne jamais s'égarer loin de son domaine sacré, et de ne jamais perdre le sentiment le plus noble de la personnalité. C'est là le lien intime et nécessaire entre l'activité et la contemplation, lien qui n'est mystérieux et inexplicable que pour les hommes insensés ou stupides.

Une action vraiment humaine engendre en moi la conscience claire de l'humanité, et cette conscience ne permet pas que je commette aucun acte, qui ne soit digne de l'humanité. Celui qui ne peut jamais s'élever à cette vérité, est en vain agité par de sombres pressentiments. L'éducation, l'habitude, les mille artifices qu'il appelle à son secours, les résolutions qu'il prend, la violence même dont il essaie, pour rentrer dans le sein de l'humanité, tout cela ne sert de rien : les barrières sacrées ne s'ouvrent pas, il demeure sur un sol profane, et ne peut échapper aux poursuites de la divinité irritée, ni au sentiment ignominieux d'un bannissement de la patrie. C'est toujours une conduite vaine et puérile, que de donner des règles, et de faire des essais dans l'empire de la liberté. Une seule résolution libre, voilà ce qui fait un homme : quiconque en a pris une, restera toujours homme, et quiconque cesse de l'être, ne l'a jamais été.

Je me souviens encore, avec orgueil et avec joie, du temps où je trouvai la conscience de l'humanité, et où je sus que, dès lors, je ne la perdrais jamais. Cette révélation sublime partit du dedans de mon âme, et ne fut le produit d'aucune leçon de vertu, ni du système d'aucun sage. Un éclair instantané couronna mes longues recherches, que rien ne voulait satisfaire : ce fut un acte de la liberté elle-même, qui résolut mes doutes. J'ose dire que, depuis ce moment, je ne me suis jamais perdu. — Ce que les hommes appellent conscience, a, pour moi, changé de nature; aucun sentiment de ce genre ne me punit, et je n'ai pas besoin de tels avertissements. Je ne cours plus après telle ou telle vertu, je n'éprouve plus une joie particulière à telle ou telle action, comme ceux auxquels apparaît quelquefois seulement, dans le cours de leur vie futile, un témoignage de raison isolé et douteux. Au milieu d'un repos paisible, et d'une simplicité toujours égale, je porte en moi, d'une manière non interrompue, la conscience de l'humanité entière. Content, et le cœur léger, je dirige fréquemment les yeux sur mes actions dans leurs rapports entre elles, certain de ne rien trouver nulle part que la raison désavoue.

Si c'était là l'unique chose que j'exigeasse de moi, oh! qu'il y a longtemps que j'aurais pu me livrer au repos, et, ayant ainsi accompli mon rôle, quitter enfin la scène! Car, ma certitude à cet égard est ferme et inébranlable. Je regarderais comme une indigne lâcheté, qui répugne à ma nature, d'attendre d'un plus long période une confirmation plus complète, et d'appréhender la possibilité d'un événement quelconque, susceptible de me précipiter des hauteurs de la raison, pour me livrer à l'égoïsme des sens, et à la confusion, partage de la brute. — Mais, des doutes m'ont été en même temps donnés. Lorsque le premier but a été atteint, un autre plus noble était fixé devant moi; et, tandis qu'il apparaît à mes yeux, tantôt avec plus de force, tantôt avec plus de faiblesse, je ne sais pas toujours, par la contemplation de moi-même, quelle est la route que je prends pour m'en approcher, ni à quel endroit de cette route je me trouve : de telle sorte que j'hésite dans mon jugement. Plus il s'affermit cependant, et devient assuré, plus souvent aussi je reprends mes anciennes recherches. Et, fussé-je aussi éloigné qu'alors d'arriver à la certitude, je voudrais, malgré cela, chercher en silence, et ne pas me plaindre. Car, elle triomphe du doute, la joie que j'éprouve d'avoir trouvé ce que je dois chercher, et de m'être soustrait au préjugé vulgaire, qui trompe, durant leur vie, beaucoup des meilleurs hommes, et les empêche de s'élever aux véritables hauteurs de la vie. — Longtemps, je demeurai satisfait d'avoir trouvé la raison ; et, révérant, dans l'humanité, une seule et même essence, comme le principe unique et le plus élevé qu'il y ait, je croyais qu'il n'existe, pour chaque cas, qu'une manière convenable d'agir, que l'activité doit être la même dans tous, et qu'un homme ne se distingue de l'autre que par la position qu'il a été donné à chacun d'occuper. L'humanité, pensais-je, ne se manifeste différente que dans la variété des actions extérieures ; et l'homme intérieur, l'homme individuel, n'est pas un être qui ait des propriétés particulières à lui, mais il est, dans le fond, semblable à tout autre.

Telle est la voie par où l'homme arrive peu à peu à la connaissance de lui-même : et encore, n'atteignent-ils pas tous le but. — Si l'un d'eux, méprisant l'isolement honteux d'une vie sensuelle et pareille à celle de la brute, trouve la conscience générale de l'humanité, et se prosterne en présence du devoir, il ne peut pas de suite s'élever à un développement intellectuel et moral d'une plus haute portée, ni contempler et comprendre la nature qui, perfectionnée par la liberté, n'est devenue qu'un avec elle. La plupart flottent dans un milieu vague, et font voir, il est vrai, toutes les parties essentielles de l'humanité; mais, il en est de ceux qui n'ont pas saisi ce qui fait le propre de l'être individuel, comme d'un minéral qui, manquant de repos et d'espace pour se cristalliser en une forme particulière, n'apparaît que sous l'aspect d'une masse grossière.

Hé bien, cet être individuel, j'en ai saisi l'essence. Le sentiment seul de la liberté ne me tranquillisa pas longtemps. Je demandais à quoi bon, au dedans de moi, la personnalité et l'identité d'une conscience fugitive et passagère; et j'étais pressé de chercher une conscience morale plus élevée, dont elles fussent l'expression. Ce n'était point suffisant pour moi de considérer l'humanité comme une masse uniforme, morcelée extérieurement, mais, au fond, constituant un tout de même espèce. Je m'étonnais que la forme particulière de l'esprit humain dût s'identifier à celle de phénomènes sans durée, ni base intérieure, et produits uniques du frottement.

Ainsi a brillé pour moi ce qui, depuis cette époque, contribue le plus à m'élever. Alors, j'ai clairement compris que chaque homme, d'après sa manière à lui, doit représenter l'humanité dans le mélange de ses éléments, afin qu'elle se manifeste sous toutes ses faces, et que, dans le temps et dans l'espace, on voie réellement éclore tout ce que son sein peut produire. C'est là surtout la pensée qui m'a élevé, et séparé de ce qu'il y a de grossier et de mesquin dans ce qui m'entoure. Avec elle, je me sens un instrument à part, voulu et choisi de la Divinité, et qui doit se réjouir de ce que son aspect et ses dispositions offrent de spécial. L'action libre, à laquelle appartient cette pensée, a rassemblé les éléments de la nature humaine, et les a intimement liés à une existence individuelle.

Si, dès lors, j'eusse toujours senti et observé ce qu'il y a d'individuel dans mon activité, avec autant de précision et de persévérance que cela m'est toujours arrivé pour ce qu'il y a d'humain en moi ; si j'eusse expressément connu les actes et les limites, qui découlent de cette activité libre, et que j'eusse constamment été attentif à chaque manifestation de la nature, dans tous ses développements; — alors, je saurais, sans le moindre doute à cet égard, quelle est, dans l'humanité, la place qui m'appartient, et où je dois chercher la raison commune des bornes et de l'extension de mes forces; alors, je pourrais mesurer exactement la capacité de mon être, reconnaître mes limites sur tous les points, et prophétiser ce que je puis encore être et devenir.

Mais, ce n'est que difficilement, et à la longue, que l'homme arrive à la connaissance parfaite de son individualité. Il n'ose pas toujours la sonder, et il dirige de préférence les regards sur le domaine commun de l'humanité, auquel il est attaché, depuis plus longtemps, avec amour et reconnaissance. Souvent même, il doute s'il est convenable pour lui qu'il se sépare de nouveau, comme être individuel, jusqu'à un certain point de la communauté, et s'il coure danger, en confondant le sensuel avec le spirituel, de retomber dans les anciennes et honteuses limites, bornées au cercle étroit de la personnalité extérieure. C'est plus tard seulement, qu'il apprend à apprécier la plus excellente des prérogatives, et à en faire usage.

De cette manière, la connaissance interrompue de son individualité doit demeurer longtemps dans un état de vacillation. Maintes fois, les propres efforts de notre nature ne sont pas remarqués, et quand les limites en apparaissent avec le plus de clarté, l'œil glisse trop facilement sur les contours, pour ne s'attacher qu'au général et à l'indéterminé, là où l'individuel se sépare le plus nettement de ce qui lui est étranger. Je puis être satisfait, lorsque je vois jusqu'à quel point ma volonté a dompté la paresse, et l'exercice fortifié mon regard, auquel, à cette heure, peu de choses échappent. Dans tout ce que ma raison et mon sentiment poursuivent, l'imagination, pour faire jaillir avec le plus d'évidence mon individualité, me représente mille modes d'agir dans un esprit et dans un sens différents, sans blesser les lois de l'humanité. Je les approfondis tous, afin de découvrir, avec d'autant plus de certitude, celui qui me convient.

Cependant, comme ce dernier ne s'offre pas à moi sous la forme d'une image achevée dans tous ses traits, et que la vérité ne m'en est pas encore garantie par une conscience claire et non interrompue, l'examen de moi-même ne doit pas non plus toujours marcher d'un pas égal et tranquille. Il faut, d'une manière expresse, qu'il se porte plus souvent sur l'ensemble de mon activité et de mes efforts, et sur l'histoire complète de mon être. Je dois aussi tenir compte de l'opinion des amis, auxquels j'ouvre volontiers mon âme, dans le cas où leur jugement ne serait pas d'accord avec le mien.

Je crois être encore le même qu'à l'époque où je commençai une vie meilleure; seulement, je me trouve quelque chose de plus ferme et de plus déterminé. Comment l'homme, en effet, après être parvenu à une existence indépendante et individuelle, pourrait-il tout à coup, au milieu même de son développement, prendre au dedans de lui-même une nouvelle direction? ou, comment la chose se passerait-elle à son insu? Ce qui, souvent, nous semble tel, n'est certainement qu'une apparence, provenant de ce que les objets extérieurs ont changé; ou bien, c'est une rectification de nos vues premières, destinée à nous dévoiler plus profondément la nature d'un homme, que nous avions d'abord jugé faussement, et avec trop de précipitation. Quant à moi, ou je ne me suis jamais compris, ou je suis à présent tel que j'ai cru d'être; et, toute contradiction apparente, une fois dissipée par la méditation, doit me montrer, avec une certitude d'autant plus grande, quels sont les éléments extrêmes de mon être, et comment ils s'harmonisent.

De toutes les divergences qui tiennent à la variété des sphères d'action des hommes, et par lesquelles se manifeste la diversité de leurs natures, voici, pour ma part, celle qui se dresse encore devant moi avec le plus de force. D'un côté, donner à l'humanité en soi une forme positive, au moyen d'une activité variée; et, de l'autre, la produire au dehors, s'appliquant à des œuvres de l'art, de telle sorte que chacun reconnaisse ce que l'on voulait montrer : ce sont là deux choses trop contrastantes pour qu'elles puissent être, à un égal degré, le partage d'un grand nombre. Celui qui s'arrête encore au vestibule extérieur de la moralité, et qui, pareil à un novice, manifeste de l'aversion pour une résolution précise, de peur de s'engager dans des liens, celui-là soumettra bien ces deux choses à des essais grossiers et confus ; mais, dans l'une et l'autre, il effectuera peu. Ainsi, la vie de la plupart des hommes est dans un état constant de fluctuation. Toutefois, quiconque a pénétré plus avant dans le sanctuaire de la moralité, ne tardera pas à s'attacher de préférence à l'une de ces choses, et ne conservera que peu de rapports avec l'autre. Seulement à la fin, les deux routes semblent se rapprocher; mais, pour les réunir, il faut un degré de perfectionnement tel, qu'il est rarement donné à l'homme de l'atteindre.

Comment aurais-je hésité sur le choix entre ces deux routes?

J'ai pris la décision bien arrêtée de ne jamais rechercher ce qui est du ressort de l'artiste; et j'ai saisi avec ardeur ce qui peut servir à mon développement intérieur, ce qui peut l'accélérer et le fortifier : en sorte que toute espèce d'hésitation a disparu.

Les artistes poursuivent, d'un amour exclusif, une seule chose parmi tout ce qui peut devenir signe et symbole de l'humanité. L'un fouille le trésor des langues ; un autre fait naître un monde du chaos des sons ; un troisième cherche de l'harmonie et un sens caché, dans le brillant contraste des couleurs, qu'offre la nature. Dans une œuvre quelconque, qui se présente à eux, ils sondent l'impression que produit chaque partie, puis examinent l'ensemble, et les lois qui le régissent, et, souvent, se réjouissent bien plus à la vue du vase artistement travaillé, qu'à celle du contenu précieux qu'il renferme. Alors, naissent en eux de nouvelles conceptions pour des œuvres nouvelles, elles se nourrissent secrètement dans leur âme, et grandissent en silence. Jamais ils ne donnent du relâche à leur activité ; projets et exécution se succèdent. Peu à peu, l'exercice fait faire des progrès, et il ne se lasse jamais ; le jugement plus mûr tient en bride, et dompte l'imagination. C'est ainsi que le génie créateur de l'artiste va audevant de son but, qui est la perfection.

Toutes ces facultés, je les ai surprises chez d'autres ; mais, elles sont demeurées étrangères à mes propres efforts. J'aime, il est vrai, à considérer attentivemeut les œuvres des artistes ; mais les faits humains, qu'elles représentent, me frappent beaucoup plus que le talent de leurs auteurs. C'est même difficilement que j'aperçois plus tard ce dernier, et que je parviens à en saisir quelque chose. Je m'abandonne entièrement à la nature libre : les belles et importantes marques, qu'elle m'offre de sa présence, éveillent toutes en moi des sentiments et des pensées, sans que jamais je sois violemment entraîné à donner à ce que j'ai vu la figure d'une œuvre particulière, par des transformations et par un caractère plus déterminé. Si je suis appelé à représenter un objet quelconque, jamais je n'ai à cœur de polir la matière, pour en enlever la dernière trace de résistance, et de pousser le travail jusqu'à la perfection, à l'instar de l'artiste. Aussi, j'ai en horreur la routine ; et, si j'ai une fois exprimé par un acte ce qui se passe au dedans de moi, je ne m'applique point à renouveler souvent cet acte, d'une manière toujours plus claire et plus parfaite. Un loisir sans contrainte est ma divinité favorite : par lui, l'homme apprend à se connaître et à se définir lui-même sans prévention, la pensée établit son autorité, et domine facilement sur tout, même lorsque le monde réclame des actes de notre part.

Par suite, je ne dois pas non plus travailler dans la solitude, comme l'artiste : cela me dessécherait l'âme, et ma pensée deviendrait stagnante. Je dois me mêler au dehors à la société d'autres esprits, non-seulement pour voir combien de choses humaines me demeureront étrangères, peut-être toute ma vie, et ce que je puis, au contraire, m'approprier; mais aussi, pour définir toujours plus nettement mon propre être, au moyen de ce que je donne et de ce que j'acquiers. Ma soif insatiable de le perfectionner sans cesse davantage, ne va pas toutefois jusqu'à permettre que je donne un poli extérieur à l'acte qui émane de mon esprit. J'envoie dans le monde mes actions et mes paroles, sans m'inquiéter si les spectateurs ou les auditeurs ont assez de jugement pour en percer l'enveloppe grossière, et assez de bonheur pour en trouver la pensée intime et le sens propre, malgré une exposition imparfaite. Je n'ai ni le temps, ni l'envie de m'en informer. Il faut que je marche en avant de la place que j'occupais, afin de me perfectionner, autant que possible, pendant cette courte vie, en donnant une nouvelle impulsion à mon activité et à ma pensée. A l'opposé de l'artiste, je hais la simple répétition du même acte. — J'aime donc faire tout en communauté avec quelqu'un; tandis que je réfléchis et que je médite, tandis que j'assimile à mon être ce qui lui était étranger, j'éprouve le besoin d'avoir près de moi un être aimé, afin que je puisse lui communiquer mes pensées intimes, au moment où je les conçois, et que, par le doux et agréable don de l'amitié, je paie aisément mon tribut au monde.

Voilà ce qui était, voilà ce qui est; et, je suis encore si loin de mon but, que je renonce à le franchir jamais. J'ai bien raison, quoi qu'en disent mes amis, de m'exclure du domaine sacré des artistes. J'abandonne volontiers tout ce qu'ils m'ont prêté, pourvu que je me trouve moins imparfait dans le champ où je me suis placé.

Qu'il s'ouvre donc encore une fois à mon

examen ce vaste domaine de l'humanité, dans lequel habitent ceux qui s'efforcent d'agir seulement sur eux-mêmes, et non de produire une œuvre durable au dehors, qui songent uniquement à nourrir leur âme de tout ce qui les entoure, et auxquels il suffit de se livrer à une activité variée, selon que le temps et le lieu l'exigent. C'est là que je veux voir si une place particulière m'appartient ou non, s'il y a de l'accord en moi, ou si une contradiction intérieure empêche que le dessin ne puisse s'achever, en sorte que, pareil à un projet qui avorte, mon être, au lieu d'atteindre à la perfection, se résolve bientôt en néant. Oh! non, je ne dois rien craindre; il ne s'élève dans mon âme aucun triste pressentiment! Je reconnais que tout, dans moi, est disposé de manière à former un véritable ensemble; je ne me sens gêné par aucun élément étranger; il ne me manque aucun organe, ni aucun membre essentiel à la vie.

Celui qui cherche à devenir un être individuel, doit diriger son attention sur tout ce qui n'est pas lui. Encore ici, dans le domaine de la moralité la plus relevée, il règne la même alliance étroite entre l'activité et la contemplation. Si l'homme actif a la conscience actuelle de son individualité, alors seulement il peut être sûr de la conserver intacte à l'avenir. S'il s'astreint, avec persévérance, à porter ses regards sur l'humanité entière, à comparer et à mettre en regard sa manière de la développer avec celle des autres, alors seulement il peut conserver le sentiment de son individualité : car ce n'est que par le contraste que l'on discerne ce qui est propre à chacun.

La première condition de son perfectionnement dans une sphère déterminée, c'est donc un intérêt qui se porte sur tout. Mais comment celui-ci pourrait-il subsister sans amour? Aux premiers pas que l'on fait, l'énorme disproportion entre donner et recevoir, devrait bientôt bouleverser l'âme, la pousser loin de ses sentiers, et briser entièrement, ou précipiter parmi le commun des êtres celui qui aspirait à se développer de la sorte. — Oui, amour, tu es la vertu attractive du monde spirituel! Aucune vie individuelle, aucun caractère à soi, n'est possible sans ton secours. Sans toi, tout porterait l'empreinte d'une mesure uniforme et grossière. Ceux qui n'ambitionnent rien de plus, peuvent se passer de toi; il leur suffit de la loi et du devoir, de la justice et d'une activité toujours égale. Le sentiment sacré de l'amour serait, pour eux, un trésor inutile. Aussi, laissent-ils périr, faute de culture, le peu qui leur en a été donné; ils le méconnaissent, et le jettent, avec insouciance, dans le fond commun de l'humanité, lequel est régi par une seule et même loi.

Pour nous, tu es le commencement et la fin de toutes choses : point de perfectionnement sans amour, et point d'amour accompli sans perfectionnement; l'un complète l'autre, et tous deux grandissent, sans se séparer jamais.

Je trouve réunies en moi les deux grandes conditions de la moralité! Je me suis revêtu de cet intérêt qui s'attache à tout, et j'ai fait habiter l'amour au dedans de mon âme. Ce double sentiment ne cesse de se développer, attestant ainsi, avec certitude, que ma vie est pleine de fraîcheur et de santé, et que je fais des pas toujours plus assurés dans la voie du perfectionnement. Quel est l'objet, qui pourrait échapper à mon intérêt? Mes amis, aspirant à élever à la dignité de maîtres dans les sciences ceux qu'ils aiment et qui sont richement doués, se plaignent fort de ce qu'ils ne peuvent m'engager à circonscrire mon activité, et de ce que leur espérance les trompe, chaque fois que je semble vouloir me livrer exclusivement à une seule chose : car, dès que je suis parvenu à un point de vue, mon esprit léger, disent-ils, ne tarde pas, selon son habitude, à voler bientôt à d'autres objets. — Oh ! puissent-ils donc une fois me laisser en repos, comprendre que ma destination n'est pas autre, et que je dois placer en dernière ligne le désir d'avancer la science dans ses détails ! car, mes efforts ont pour but unique de m'avancer moi-même, sans doute aussi au moyen de la science. mais peu m'importe si le précédent résultat n'est atteint que plus tard, ou même ne l'est pas du tout. Puissent-ils ne pas s'opposer à l'intérêt que je prends pour tout ce qu'ils font avec ardeur ! puissent-ils regarder comme une chose digne de leur peine, les progrès que je fais par la contemplation de leur activité !

Par leurs plaintes, ceux-là témoignent en ma faveur.

Contrairement à eux, d'autres, d'une nature, à la vérité, différente de la mienne, mais s'efforçant, comme moi, de pénétrer l'essence de tout objet humain, se plaignent de ce qu'en réalité mon intérêt est borné, et de ce que je pourrais négliger bien des choses sacrées, et détruire par un vain amour de la dispute, ce qu'il y aurait de profond et d'indépendant dans mon regard. — Je laisse encore bien des choses de côté, cela est vrai : mais ce n'est point par indifférence. Je dispute, cela est vrai : mais, c'est précisément pour conserver à mon regard son indépendance. C'est ainsi, et non autrement, que je dois agir, selon ma nature, tout en m'efforçant d'étendre et de développer mon jugement. Lorsque je découvre une chose qui m'était inconnue dans le domaine de l'humanité, mon premier mouvement est, non pas d'en nier l'existence, mais de contester qu'elle ait le caractère, et uniquement le caractère, que lui assigne à mes yeux celui qui d'abord me l'a fait apercevoir. Mon esprit, qui s'est réveillé tard, se souvenant du joug étranger sous lequel il a longtemps gémi, craint toujours de retomber sous l'empire des opinions d'autrui. Aussi, lorsque un principe vital se dévoile à lui, pour la première fois, dans de nouveaux objets, il s'apprête d'abord, les armes à la main, à conquérir sa liberté, afin de ne rien recommencer, comme auparavant, sous l'esclavage d'une influence étrangère. Ai-je, de la sorte, fait triompher l'indépendance de mes vues : alors le temps de la dispute est passé. Je tolère volontiers toutes les autres manières de voir, à côté de la mienne, et mon intelligence, achevant paisiblement son œuvre, interprète chacune d'elles, et en apprécie la valeur.

Souvent donc, ce que l'on prend pour les bornes de mon penchant à m'intéresser à tout, n'en est que les premiers essais dans l'empire de la vérité. Souvent, ils ont dû se manifester dans cette belle période de ma vie, où tant de choses nouvelles m'ont impressionné, où j'en ai vu, sous un jour clair, plusieurs que, jusque-là, j'avais soupçonnées obscures, et pour lesquelles je m'étais seulement réservé une place vide ! Souvent, ils ont dû froisser désagréablement ceux qui étaient la source de mes nouvelles lumières. — Je ne me suis point inquiété de cela, dans l'espérance qu'un jour ils comprendront mes motifs, quand leur regard aura pénétré plus avant dans mon âme.

Mes amis, pour l'ordinaire, ne m'ont pas non plus compris, lorsque, sans disputer, mais aussi sans m'associer à eux, je négligeais tranquillement ce qu'ils se hâtaient d'embrasser avec chaleur et empressement. — L'esprit ne peut pas saisir tout à la fois, et c'est en vain qu'il voudrait achever son œuvre dans un seul acte. Il y a toujours deux directions à suivre, et chacun doit avoir une manière à lui de les faire concorder, pour arriver à son but. Si une chose nouvelle remue mon âme, il m'est interdit de la sonder de suite, avec impétuosité, et de la connaître jusqu'à la perfection. Une telle conduite ne convient pas à l'égalité d'âme, qui doit présider à l'harmonie de mon être. M'appliquer en entier à quoi que ce soit, ferait perdre à ma vie son équilibre; en me plongeant dans un objet, je me soustrairais à l'autre, sans posséder toutefois celui-là comme ma véritable propriété. Je dois d'abord déposer au dedans de moi chaque acquisition que je fais, puis continuer le jeu ordinaire de ma vie, avec son activité variée, de sorte que le nouveau se mêle à l'ancien et gagne des points de contact avec tout ce qui déjà était en moi.

C'est seulement ainsi que je puis réussir à approfondir une chose quelconque; l'observation et la pratique doivent fréquemment se succéder, avant que j'aie à me réjouir de l'avoir sondée et entièrement pénétrée. C'est ainsi, et non autrement, que je dois mettre la main à l'œuvre, à moins de porter atteinte à mon être intérieur : car le perfectionnement de moi-même et l'activité de mes vues sur le monde doivent, autant que possible, se tenir toujours en équilibre. Je n'avance donc que lentement, et une longue vie peut avoir été mon partage, avant que j'aie tout embrassé à un même degré. Cependant, j'ai moins d'erreurs à rétracter que bien d'autres; car, ce que j'ai ainsi recueilli, est devenu ma propriété, marquée de mon sceau, et tout ce qu'il m'est permis de prendre du monde, sera, de la même manière, élaboré au dedans de moi, et s'assimilera à mon être.

Oh! que de richesses dejà acquises! Que la conscience en est douce, et combien est élevé le sentiment d'une vie, d'une existence à moi, sentiment qui couronne en mon âme la contemplation de moi-même, à la vue des fruits, que tant de beaux jours m'ont apportés !

Non, elle n'était pas vaine cette activité tranquille, qui, aperçue du dehors, semble de l'oisiveté : elle a puissamment avancé l'œuvre intérieure de mon perfectionnement. Jamais cette œuvre n'aurait si bien réussi, si elle eût été compliquée d'efforts et de relations diverses, qui ne conviennent point à ma nature, et, à plus forte raison, si des bornes eussent été mises avec violence à mes recherches.

C'est pourquoi je gémis de voir la nature intime de l'homme, tellement méconnue par ceux-là même qui, partout, auraient les moyens, et seraient dignes de la découvrir. Je gémis de ce que les regards d'un si grand nombre d'entre eux ne se détachent point des faits sensibles, pour se diriger sur l'intérieur de l'âme, afin de sonder ce qui s'y passe. Je gémis, enfin, de ce qu'ils s'imaginent reconnaître cette âme et ces faits dans des détails, formés de lambeaux épars, et sont ainsi amenés à soupçonner des contradictions, même là où tout est d'accord !

Le caractère propre de mon être est-il donc si difficile à trouver ? Cette difficulté m'interdit-elle à toujours le souhait le plus ardent de mon cœur, désireux sans cesse de se révéler aux plus dignes des hommes? Oui, encore à présent, tandis que je me replie sur moi-même, je sens se confirmer ma conviction que c'est là ce qui agite le plus fortement mon âme.

Voilà ce qui est, bien qu'on me dise souvent que je ne suis pas ouvert, et que je repousse avec froideur les avances sacrées de l'amitié et de l'amour.

Il est vrai que jamais il ne me semble nécessaire de parler de ce que j'ai fait, ou de ce qui m'est arrivé ; je juge trop insignifiant tout ce qui, en moi, appartient au monde, pour arrêter par là celui que j'aimerais à laisser lire dans mon âme. Je ne parle pas non plus de ce qui, dans moi, est encore obscur et inculte, manquant de cette clarté qui, seule, m'autorise à le considérer comme mien. Comment produirais-je aux regards de mon ami précisément ce qui ne m'appartient pas encore? Pourquoi lui dissimuler, par là, ce que je suis réellement? Comment espérer de communiquer, sans méprise, ce que je ne comprends pas encore moi-même? Une telle circonspection n'est pas de la taciturnité, ni du manque d'amour. Ce n'est autre chose qu'une sainte retenue, sans laquelle l'amour n'est rien; c'est une attention délicate à ne pas profaner, ou jeter dans la confusion, ce qu'il y a de plus élevé. Mais, dès que j'ai acquis quelque chose de nouveau, dès que j'ai fait, ici ou là, quelque gain en perfectionnement et en indépendance : est-ce que je ne me hâte pas alors de l'annoncer à mon ami, par mes paroles et par mes actions, afin qu'il partage ma joie, et qu'il profite aussi de ce progrès dans ma vie intérieure? J'aime mon ami, comme moi-même : dès que je reconnais une chose pour mienne, je la lui donne aussitôt.

Il est encore vrai que je ne prends point à ce qu'il fait, ni à ce qui lui arrive, une part toujours aussi grande que cela a lieu chez la plupart de ceux qui se disent amis. Son activité extérieure me laisse tout à fait tranquille et sans inquiétude, lorsque je saisis déjà la source intérieure, d'où elle découle, et que je sais que la première doit être telle, en vertu de ce qu'il est lui-même. Comme acte, elle n'a guère affaire avec mon amour; elle ne lui accorde pas autant de nourriture qu'à ceux qui, auparavant, comprenaient moins l'intérieur de celui qui agit, et elle n'excite pas non plus chez moi autant d'admiration et de joie que chez eux. Comme événement aussi, elle éveille moins mon attente que celle des hommes qui font tout consister dans la fortune et dans le succès ; elle appartient au monde, et doit, avec toutes ses conséquences, se soumettre aux lois de la nécessité. Puis, quant à ce qui en résulte, quant à ce qui arrive à mon ami, il saura bien agir à cet égard avec une liberté digne de lui. Le reste ne m'inquiète pas du tout : je demeure tranquille spectateur de sa destinée, comme de la mienne.

Qui oserait prendre cela pour de la froide indifférence?

C'est uniquement le fruit de la connaissance

exacte de ce que chaque homme est en lui-même, et de ce qui appartient au monde en dehors de lui. Cette connaissance me sert de guide pour m'examiner, et c'est sur elle que reposent la valeur que je m'attribue et le sentiment de ma liberté. Dois-je moins obéir à ses inspirations en ce qui concerne mon ami, qu'en ce qui me regarde moi-même?

Jamais, chez moi, l'amour et l'amitié n'ont une origine ignoble : et c'est ce qui fait hautement ma joie. Jamais ces sentiments ne sont calculés pour le bien-être extérieur de celui que j'aime; ils ne se mélangent point à de viles pensées, et ne sont jamais l'œuvre de l'habitude, ou de la faiblesse, et encore moins d'une partialité obstinée. Toujours, au contraire, ils sont le produit le plus pur de la liberté, et s'adressent exclusivement au fond des cœurs. Les mouvements vulgaires, que je viens de repousser, n'ont jamais eu accès auprès de moi; jamais je n'ai laissé surprendre mon amitié par un bienfait, ni mon amour par la beauté; jamais la pitié ne m'a prévenu, au point de me faire accorder du mérite au malheur, et de me représenter celui qui souffre autrement et meilleur qu'il n'est; jamais l'accord dans les détails ne m'a trompé sur les différences essentielles des caractères.

J'ai toujours ainsi conservé, dans mon âme, de la place pour le véritable amour et pour la sincère amitié; et, mon ardeur ne se ralentit point, pour chercher à la combler d'une manière sans cesse plus riche et plus variée. Là où je remarque une tendance à l'individualité, garantie par l'amour, et par cet intérêt général dont j'ai parlé, là aussi je reconnais un objet qui a droit à mon affection. Je voudrais embrasser avec amour tout être de cette espèce, qu'il appartienne à l'innocente jeunesse, alors que la liberté commence à germer, ou bien à l'époque où l'humanité s'est accomplie en lui, et a atteint sa maturité. Je le salue en moi du salut de l'amour, quand même cet acte doit se borner à un signe, puisqu'il ne nous est donné qu'une rencontre passagère.

Je n'accorde pas non plus mon amitié d'après l'apparence extérieure, ou d'après une mesure du siècle. Mon regard plane bien au delà du monde et du temps, et cherche la grandeur intime de l'homme. Je ne dois pas me laisser déterminer par l'étendue des connaissances, que son esprit a déjà embrassées, par le degré actuel de son propre perfectionnement, par le nombre de ses œuvres, ou par les choses quelconques qu'il a faites : aisément, je puis me consoler, s'il est en défaut sur tous ces points. Son individualité, et les rapports de cette individualité avec l'ensemble de la nature humaine : voilà ce que je cherche. Plus je la trouve développée, et plus j'en saisis les rapports : plus aussi j'ai d'amour pour lui. Mais, je ne puis lui en témoigner qu'en proportion de ce qu'il me comprend. Hélas! voilà pourquoi mon amour est revenu si souvent à moi, sans avoir été compris ! Le langage de mon cœur n'a pas été entendu, tout comme si je fusse resté muet !... et ils pensaient aussi que j'étais muet ! !

Les hommes marchent souvent dans des sentiers voisins : et, pourtant, ils ne se rapprochent point les uns des autres. C'est en vain que l'un d'eux, poussé par une sorte d'instinct, en appelle un autre, et l'invite à une rencontre amicale : ce dernier demeure sourd à cette voix. Il en est parfois qui se rapprochent, quoique les sentiers qu'ils parcourent soient à une grande distance. Tel croit que c'est pour toujours : et ce n'est que pour un instant. Un mouvement opposé entraîne chacun d'eux, et nul ne sait où son semblable est allé.

C'est là, fréquemment, ce qui m'est arrivé dans mon désir d'aimer. Ne serait-ce pas honteux qu'il ne fût jamais parvenu à maturité, que mes trop faciles espérances ne se fussent point évanouies, et que la sagesse, riche en pressentiments, n'eût point établi sa demeure au dedans de moi? — « Tu se-« ras compris par celui-ci jusqu'à tel point, « et par celui-là jusqu'à tel autre; avec tel « degré d'amour, tu peux embrasser le pre-« mier, mais contiens-toi vis-à-vis du second. » — Ainsi me crie souvent la sagesse ; et souvent aussi, c'est en vain. Le langage pressant de mon cœur ne laisse point de place à la prudence, et je repousse bien plus encore l'orgueilleuse prétention de m'opposer à ce que les hommes aient du penchant pour moi, et recherchent mon amour. Je fais toujours trop d'avances, je me livre sans cesse à de nouveaux essais, pour qu'on y réponde; et je suis bientôt puni de mon avidité, en perdant ainsi maintes fois ce que j'avais auparavant. Il n'en peut pas être autrement avec celui qui désire devenir un être individuel; et, parce qu'il en est de la sorte avec moi, c'est la preuve la plus assurée que je le deviens. Plus l'esprit s'exerce dans le domaine des choses générales, plus celui qui travaille à son perfectionnement se sent attiré par un nombre considérable de sphères d'action; et ceux qui sont limités à une seule, s'imaginent que quiconque y participe est un des leurs. Plus il y a d'individualité dans la manière dont tout se développe en moi : plus il faut, chez celui qui aspire à me comprendre, et à m'aimer pour un temps durable, de généralité dans ce qui provoque son intérêt, et d'indépendance dans son amour envers une nature différente de la sienne. Ainsi qu'on l'a cru à l'égard des comètes, le sage lie entre eux une foule de systèmes du monde, et il s'agite autour de maints soleils. Un astre découvre ce sage avec joie, et cherche à le connaître. Ce dernier sourit, s'incline, et s'approche ; puis, l'astre l'aperçoit dans le lointain, mais avec une figure tellement changée, qu'il doute si c'est bien encore le même homme. Alors celui-ci rebrousse chemin dans sa course rapide, et rencontre de nouveau cet astre, avec amour et amitié.

Où trouver le bel idéal d'une union accomplie? l'amitié arrivée de part et d'autre à la perfection? — Là seulement, où, chez tous deux, l'amour et ce sentiment qui s'intéresse à tout ont également grandi, presque au-dessus de toute mesure. Alors la perfection de leur amour entraînerait la perfection de leur être; et elle se ferait entendre à eux l'heure qui, pour tous les autres, a sonné avant ce beau moment..... l'heure de quitter le monde, et de rentrer dans le sein de l'infini!

LE MONDE

III

LE MONDE

C'est seulement à la triste vieillesse, disent plusieurs, qu'il est permis de donner cours à des plaintes sur le monde : on peut lui pardonner de ce qu'elle aime à jeter le regard sur ces temps meilleurs, où elle était dans toute la force de la vie. La jeunesse doit sourire gaîment au monde : sans prendre garde à ce qu'il y manque, elle doit profiter du présent, et se livrer avec confiance à l'espoir de douces illusions.

Mais, ajoute-t-on, il n'appartient de voir la vérité et de juger le monde, qu'à l'homme qui, placé entre ces deux âges, se maintient dans un milieu sûr, sans s'abandonner à une vaine tristesse, ou à de trompeuses espérances.

Une telle tranquillité, cependant, n'est que le passage insensé de l'espérance au mépris; et les discours d'une semblable sagesse ne sont que le sourd retentissement des pas, qu'ils s'efforcent de retenir, et qui les font glisser de la condition du jeune homme à celle du vieillard. Un tel contentement n'est que la déception d'une fausse politesse, parce qu'ils ne veulent pas paraître injurier le monde, prêt à les abandonner, et qu'ils veulent encore moins se donner tout à coup tort à eux-mêmes. Un tel éloge, enfin, c'est une vanité, qui a honte de son erreur; c'est de l'oubli, qui ne songe plus aux désirs de l'instant qui a précédé; c'est de la paresse, qui préfère l'indigence, pour s'éviter de la peine.

Je ne me suis point flatté, quand j'étais jeune, et je ne veux pas non plus flatter le monde, ni maintenant, ni jamais. Il ne pouvait pas m'affliger, puisque je n'attendais rien de lui : ainsi, je n'ai pas à m'en venger. J'ai peu fait pour le rendre ce qu'il est : ainsi, je n'éprouve pas le besoin de le trouver plus excellent. Mais, j'ai en dégoût les viles louanges, qu'on lui prodigue de toutes parts, pour que l'œuvre, à son tour, fasse l'éloge des maîtres. Cette génération perverse parle avec autant de plaisir de l'amélioration du monde, afin de passer elle-même pour meilleure, et de s'élever au-dessus de ses pères. Or, quand l'humanité tout en pleurs exhalerait déjà son doux parfum ; quand on verrait, sur le sol commun, prospérer et éclore, en nombre infini, et à l'abri du danger, les germes du perfectionnement individuel ; quand tout vivrait et serait dans la joie, au milieu d'une sainte liberté ; quand tout s'embrasserait avec amour, et porterait, dans cette union merveilleuse, des fruits admirables, et toujours nouveaux : — certes, cette génération n'exalterait pas, avec plus de pompe, l'état actuel de l'humanité.

A les entendre discourir sur ce que le monde est aujourd'hui, on dirait que la voix tonnante de leur vaste jugement a brisé les chaînes de l'ignorance ; on dirait que, s'emparant du tableau de la nature humaine, qui, jusque-là, ne représentait qu'un effet obscur et indistinct, ils l'ont enfin converti en un chef-d'œuvre de l'art, où une lumière mystérieuse (hélas! vient-elle d'en haut, où sort-elle de l'enfer?) éclaire tout, comme par enchantement, en sorte que l'ensemble dans les contours, et chaque trait dans les détails, ne sauraient plus échapper à tout homme clairvoyant; on dirait enfin que, pareille à une musique harmonieuse, leur sagesse a transformé l'amour-propre grossier et rapace en un animal domestique, apprivoisé et sociable, et lui a enseigné les arts. Le moindre espace de temps qui vient de s'écouler est, suivant eux, demeuré riche en bons résultats.

Oh! que je méprise, du fond de l'âme, la génération qui s'enfle ainsi, avec une impudence que n'égala jamais aucune de celles qui précédèrent! A peine peut-elle tolérer la croyance à un avenir meilleur! Elle déverse d'ignominieux outrages sur ceux qui appartiennent à cet avenir: et tout cela, parce que le véritable but de l'humanité, pour lequel elle n'a tenté presque aucun effort, lui demeure inconnu, dans un obscur lointain.

S'il suffit à un homme d'exercer sa puissance sur le monde matériel, et d'en étudier toutes les forces, pour les faire servir à la vie extérieure ; s'il lui suffit que l'espace ne paralyse pas trop fortement l'influence de l'esprit sur les corps, et qu'un signe de la volonté suscite rapidement, en tout lieu, l'activité demandée ; s'il lui suffit que tout se vérifie, comme étant sous les ordres de la pensée, et que la présence de l'esprit se manifeste partout ; s'il lui suffit, enfin, que la matière brute paraisse animée, et que, dans le sentiment d'une pareille puissance sur son propre corps, l'humanité se réjouisse d'une force, du reste inconnue, ainsi que d'une surabondance de vie sensuelle : — alors, je conçois que, voyant là le but final de l'humanité, il mêle sa voix à ce concert d'éloges.

C'est avec raison que l'homme, aujourd'hui plus que jamais, se glorifie de cette puissance ; car, quoiqu'il lui reste encore beaucoup à faire, il y a cependant assez de fait, pour qu'il se sente seigneur de la terre, pour que rien, sur ce domaine qui lui appartient, n'ose échapper à ses essais, et pour que les limites de l'impossibilité se resserrent de plus en plus. A tous les instants de ma vie, je vois un complément de mes forces dans le lien qui, sous le rapport précédent, m'unit au reste des hommes. Chacun s'applique à une affaire déterminée, achève l'œuvre de celui-ci, sans le connaître, ou travaille pour cet autre, qui ignore les services qu'on lui rend. Ainsi avance, sur le cercle entier de la terre, l'œuvre que les hommes poursuivent en commun, et chacun sent l'influence de forces étrangères, comme si elles étaient des éléments de sa propre vie. Semblable à une machine électrique, le corps ingénieux de cette association conduit au but le plus léger mouvement de chacun, en l'accélérant par une chaîne de plusieurs milliers d'hommes, qui sont comme ses membres, et dont le travail est comme son œuvre, accomplie en un instant.

Le sentiment d'une vie édifiée de la sorte, en commun, habite au dedans de moi, avec encore plus de force et d'abondance, peut-être, que chez ceux qui s'en glorifient si hautement. Leurs sombres idées ne sauraient me distraire, ni me tromper, lorsque je les vois se plaindre de ce que les hommes jouissent si inégalement de la vie, bien qu'ils contribuent tous à la créer et à la conserver. Ce qu'ils perdent n'est dû qu'au vide de leurs pensées, et à leur paresse à méditer ; l'habitude lève sur eux tous un tribut, et, partout où je compare et suppute forces et limites, je trouve constamment la même formule, exprimée de différentes manières, et une mesure proportionnelle de jouissances se répartit sur tous.

Quoi qu'il en soit, je fais peu cas de ce sentiment. Je ne désirerais pas que, sous cette face, le monde fût meilleur ; mais, j'éprouverais les tortures de l'anéantissement, si ce devait être là toute l'œuvre de l'humanité, et si elle profanait ses forces sacrées, en ne les prodiguant qu'à cela. Non : mes prétentions ne sauraient être satisfaites de cette amélioration des rapports de l'homme avec le monde extérieur, quand même ils seraient déjà arrivés au plus haut degré de leur perfectionnement. Mais, je demande à quoi bon cette puissance supérieure sur la matière, si elle n'active pas la vie de l'âme ? à quoi bon tirer gloire de cette communauté extérieure, si elle laisse sans progrès la communauté des esprits? La santé et les forces sont un bien précieux, sans doute : mais ne méprisez-vous pas quiconque se borne à en faire un vain étalage? L'homme est-il donc un être purement matériel, pour qu'il se contente du sentiment le plus élevé de la vie du corps, dont fait partie tout ce qui est terrestre? Est-ce assez pour l'esprit d'habiter ce corps, de le développer, de l'agrandir, et d'avoir, en le gouvernant, la conscience de lui-même?

C'est pourtant à cela que se réduisent tous leurs efforts, c'est là-dessus que se fonde leur orgueil sans bornes. Du soin de leur corps et de leur bien-être particulier, ils se sont élevés aux soins qui regardent le bien-être de tous : voilà jusqu'où ils ont pénétré, dans la connaissance de l'humanité. C'est ce qu'ils appellent vertu, justice, amour; c'est leur cri de triomphe sur le vil égoïsme; c'est, pour eux, le terme de toute sagesse. Voilà les seuls anneaux qu'ils ont le pouvoir de briser, dans la chaîne de l'ignorance; chacun doit y contribuer, c'est le but unique de toute communauté. O bouleversement de la nature! est-il possible que l'esprit doive consacrer, pour d'autres, toutes ses forces à ce qu'il dédaigne, pour son propre compte, quand il peut atteindre des biens plus précieux? O chaos de la raison ! est-il possible que sacrifier avec joie ce qu'il y a de plus élevé, à de si honteuses idoles, lui paraisse de la vertu?

Courbe-toi donc, ô mon âme, devant l'amer destin, pour avoir vu la lumière dans des temps aussi mauvais et aussi ténébreux ! Tu as peu à espérer d'un pareil monde, pour prix de tes efforts et de ton activité; ton union avec lui, loin d'augmenter tes forces, ne servira qu'à les circonscrire.

C'est là ce qui arrive à tous ceux qui connaissent, et qui veulent quelque chose de meilleur.

Tel cœur a soif d'amour : il a, devant lui, une image nette de ce que devrait être l'ami avec lequel il échangerait ses sentiments et ses pensées, afin que l'un et l'autre, ils apprissent à se connaître et à se perfectionner mutuellement. Il se représente, avec non moins de clarté, ce que devrait être la bien-aimée à laquelle il se donnerait en entier, dans l'espérance de trouver, chez elle, toute une vie, en retour de son affection. Mais, s'il n'est pas assez heureux pour les rencontrer par hasard dans un même cercle de la vie extérieure, et au même degré de l'échelle sociale, chacun soupire inutilement, en proie aux mêmes désirs, jusqu'à la fin de cette courte vie. Car l'homme est encore enchaîné par son rang dans le monde, par la place qui lui est assignée dans cette misérable société, mais qu'il ne peut point s'acquérir lui-même : il tient plus fortement à ces liens, que la plante à la terre qui la nourrit. Pourquoi cela ? —Parce qu'il leur en coûte peu d'étouffer avec violence la vie spirituelle, afin de jouir plus sûrement, à ce qu'ils pensent, de la vie terrestre. Aussi, ne voit-on réussir, parmi les hommes, ni douce communauté, ni existence libre et ouverte. Chose étrange ! ils mènent une vie presque monacale, habitant, pour ainsi dire, dans de petites cellules, à côté les uns des autres, plutôt que mêlés ensemble ; ils ont peur de toute grande réunion, et se contentent d'en composer une apparence mesquine, par l'assemblage de plusieurs petites ;

et, de même que la patrie est ridiculement morcelée, il en est ainsi de chaque société particulière.

Tel va bien jusqu'à saisir l'essence intime de l'humanité, et à en considérer sagement les différentes formes, ou jusqu'à pénétrer les secrets de la nature, et à les approfondir avec amour. Mais, il est placé dans un désert aride, ou sur un terrain d'une abondance infructueuse, et dont l'éternelle uniformité ne fournit aucun aliment aux besoins de son esprit; son imagination, se concentrant sur elle-même, devient maladive, son esprit doit se consumer en égarements et en rêveries, et sa force créatrice s'épuiser en essais informes. Car, aucun vent favorable ne le transporte charitablement dans un climat plus doux; dans sa détresse, il ne peut rencontrer aucun ami qui le secoure, qui ait mission de le pourvoir d'une matière nutritive, et d'amener à lui les sources de la connaissance, afin qu'il s'y abreuve. Le misérable sort du Noir, soustrait à l'affection de ceux qu'il aime, arraché du pays de ses pères, puis condamné, sur une terre lointaine et inconnue, à une vile servitude, est journellement imposé, par le cours du monde, même aux meilleurs hommes, qui, empêchés de se rendre dans leur véritable patrie, vers les amis qu'ils ne connaissent point encore, consument leur vie intérieure au milieu de chétives occupations, dans le stérile voisinage de ceux avec lesquels ils resteront à jamais étrangers.

Tel autre, encore, est poussé par le désir secret de composer d'ingénieux ouvrages. Mais cribler, pour ainsi dire, la matière, séparer et rejeter, soigneusement et sans dommage, ce qui ne pourrait être utilisé ; mais, l'ébauche une fois conçue dans son unité, dans sa grandeur, et dans sa beauté, donner à chaque partie le fini convenable et le dernier poli : voilà ce qui lui est refusé. Quelqu'un lui accorde-t-il ce qui lui manque, lui offre-t-il franchement ce qu'il a soi-même mis en réserve, ou bien couronne-t-il, par son concours, l'œuvre inachevée ? — Nullement : chacun, au contraire, est forcé de se tenir à l'écart, et de faire des entreprises sans succès. La communauté des talents, établie depuis longtemps parmi les hommes, dans ce qui se rattache à leurs avantages extérieurs, borne là sa mission, et manque à la manifestation de l'humanité, et à la composition de beaux ouvrages. L'artiste souffre avec dépit la présence d'autres artistes, lorsqu'ils viennent à critiquer, dans son œuvre, ce qui n'est pas d'accord avec leur génie; il s'irrite, en apprenant que l'effet en est manqué, parce qu'ils exigent quelque chose d'étranger à son talent.

Ainsi, l'homme cherche en vain, dans la société de ses semblables, aide et soulagement pour ce qu'il regarde comme le premier des biens. Des milliers décrivent les productions diverses de la terre ; en un moment, j'apprends où existe une chose quelconque, dont j'ai besoin, et, l'instant après, l'heureux du siècle peut déjà la posséder. Mais un bien petit nombre savent trouver les âmes dont la trempe vigoureuse ferait fructifier leur vie intérieure : pour cela, il n'est point de communauté dans le monde, personne ne s'occupe de rapprocher les hommes, qui ont besoin les uns des autres. Réclamer une pareille assistance, c'est folie et scandale aux enfants de ce siècle; pressentir une union des cœurs plus élevée et plus intime, et vouloir la hâter, en dépit d'un sens borné et de misérables préjugés, c'est pure extravagance à leurs yeux. Ce sont des désirs insensés, disent-ils, et non la pauvreté, qui créent en nous le sentiment de ces barrières qui nous oppressent; c'est une nonchalancè coupable, et non le manque de secours à tirer de la société, qui rend l'homme mécontent du monde, et commande à ses inutiles souhaits d'errer de côté et d'autre, sur le vaste champ de l'impossibilité. — Cette dernière, cependant, n'existe que pour celui-là seul, qui, n'élevant pas les regards au-dessus du temps actuel, n'a devant lui qu'un horizon borné. Certes, je devrais perdre toute espérance de voir un jour l'humanité se rapprocher de son but, si, avec une imagination timide, je m'arrêtais à la réalité présente, et à ses suites les plus immédiates.

Ce qui appartient à un monde meilleur, est réduit à soupirer dans un morne esclavage! Les rares éléments d'une communauté spirituelle sont ravalés au service de la terre; ils mettent ainsi des bornes à l'esprit, et nuisent à la vie intérieure.

Lorsqu'un ami tend à son semblable la main d'association, cette union devrait produire des effets bien plus grands que si chacun agissait à part ; ils devraient, d'un accord réciproque, épancher en toute liberté leur cœur dans le sein l'un de l'autre, se prêter assistance seulement en cas de besoin, et ne pas se substituer leurs pensées mutuelles. De cette manière, ils trouveraient l'un chez l'autre vie et nourriture ; et tous deux deviendraient complétement ce qu'ils peuvent devenir. Au lieu de cela, comment agissent-ils dans le monde ? — Toujours, ils sont prêts à se rendre des services terrestres, et à faire le sacrifice de leur propre bien-être ; se communiquer leurs lumières et leurs expériences de ce monde, se montrer sensibles à leurs souffrances mutuelles, les partager, et les adoucir : voilà le comble de leur amitié. Mais, au sein de celle-ci, il existe constamment une disposition hostile contre le fond des caractères ; on blâme les fautes de son ami, sans songer qu'elles peuvent tenir à sa nature : et, ce qui serait répréhensible en nous, nous semble tel dans sa personne. Ainsi, l'un sacrifie à l'autre quelque chose de son individualité, jusqu'à ce que tous deux, inégaux à eux-mêmes, soient seulement semblables entre eux, à moins qu'une volonté ferme n'empêche un si déplorable résultat; de cette manière la fausse amitié traîne longtemps entre la dispute et la concorde, ou bien se rompt tout à coup. Malheur à qui possède un cœur faible, si un ami s'attache à sa personne! L'infortuné rêve un renouvellement de force et de vie, il est transporté de ces belles heures, qu'il passe dans un doux épanchement,... et il ne s'aperçoit pas qu'au milieu de ces jouissances, fruits de son imagination, son âme se dépense et se gâte, jusqu'à ce qu'enfin, tourmentée et paralysée de toutes parts, sa vie intérieure vienne à se perdre! C'est, souvent, ce qui arrive aux meilleurs hommes : à peine peut-on reconnaître l'ébauche de leur être, taillée par la main de leurs amis, et revêtue d'un alliage étranger.

L'homme et la femme s'enchaînent par de doux liens, puis ils se construisent un foyer domestique. De même que du sein de leur amour naissent de nouveaux êtres : de même, aussi, il faut qu'une volonté commune découle de l'harmonie de leurs caractères, et qu'on en reconnaisse la présence, en voyant la paix de la maison, les affaires, les arrangements, et les joies de l'intérieur, produits d'une libre détermination. Mais, pourquoi faut-il que je voie sans cesse, et partout, le plus beau lien de l'humanité devenir un objet de profanation ? Quand ils le forment, ils ignorent ce qu'ils font ; chacun a, et suit sa volonté, après comme auparavant. Ils dominent tour à tour, et calculent, tristement et en silence, si ce qu'ils ont gagné l'emporte sur ce qu'ils ont perdu en liberté. Ils deviennent ainsi le tourment l'un de l'autre, et, en présence de la froide nécessité, la flamme de l'amour finit par s'éteindre. Chez tous, le compte est le même, et aboutit à un pareil résultat. Chaque maison devrait être, en quelque sorte, le beau corps et la plus belle œuvre d'une âme libre, et offrir une figure et des traits qui lui fussent propres. Presque toutes, cependant, deviennent, avec une lourde uniformité, le tombeau désert de la liberté et de la véritable vie. La femme rend-elle heureux son époux? vit-elle entièrement pour lui? Et l'homme rend-il sa compagne heureuse? est-il tout complaisance pour elle? Font-ils consister leur bonheur dans des sacrifices mutuels?..... Oh! ne me tourmente pas, image de la misère qui habite au fond de leur joie, présage d'une mort prochaine! de cette joie, dernier simulacre d'existence, et prestige habituel de la vie!

Où est la république que les anciens sages ont rêvée? Où sont l'énergie, que ce progrès sublime doit donner à l'homme, et le sentiment que tous doivent avoir, d'être une part de la raison, de l'imagination, et de la force de la patrie? Où est le désir de cette existence plus parfaite et librement conquise, au prix de laquelle on sacrifie volontiers la conscience d'un étroit égoïsme, et on expose avec joie sa vie, plutôt que de voir la patrie tomber sous le fer des assassins? Où est la vigilance, attentive à en éloigner la séduction, de peur qu'elle ne la corrompe? Où sont la physionomie propre à chaque état, et les œuvres par lesquelles chacun se manifeste? Cette génération est si loin de pressentir ce que cette face de l'humanité signifie, qu'elle rêve à une meilleure organisation de la société, comme elle rêve à un idéal de l'homme. Celui qui vit dans un état, n'importe s'il est ancien ou nouveau, voudrait les jeter tous dans le même moule; le philosophe dépose, dans ses ouvrages, un modèle pour l'avenir, espérant qu'un jour viendra où, pour son salut, l'humanité entière le révérera comme un symbole; tous pensent que le meilleur gouvernement est celui dont les ressorts se font le moins sentir, et dont l'existence se laisse le moins apercevoir. Si l'on considère ce chef-d'œuvre admirable de l'homme, au moyen duquel il prétend atteindre la perfection, uniquement comme un mal nécessaire, comme une machine indispensable pour cacher ses vices, et les rendre moins nuisibles : certainement alors, on ne doit envisager que comme une gêne, ce qui est destiné à assurer à sa vie le plus haut point de développement.

Le principe ignoble de si grands maux, c'est que les hommes n'ont de penchant à s'unir qu'extérieurement, dans le monde sensible, qu'ils prennent, en tout, pour mesure et pour modèle. Dans une pareille association, il y a toujours des bornes. Quiconque veut développer et agrandir son corps par des possessions au dehors, doit accorder à son semblable de l'espace pour faire de même; étant sur les limites l'un de l'autre, ils souffrent un tel état de choses, uniquement parce qu'ils ne pourraient pas posséder le monde à eux seuls, et qu'ils tirent parti du corps et des propriétés de leur prochain. C'est là-dessus que tout le reste est réglé. Augmenter son avoir et sa science, comme appui et ressource contre le sort et l'infortune; multiplier ses forces par des alliances, afin de circonscrire celles d'autrui: voilà les seuls biens que l'homme d'aujourd'hui recherche et trouve, dans l'amitié, dans le mariage, dans la patrie! Il ne saurait donc y voir un soutien et un complément de forces, pour son propre perfectionnement, un gain pour le renouvellement de sa vie intérieure. Mais plutôt, il rencontre des obstacles dans les liens qu'il forme, à partir de la première éducation, où son jeune esprit, loin de gagner un terrain libre, pour embrasser le monde et l'humanité dans toute leur étendue, se trouve déjà borné par des pensées qui ne sont point à lui, et s'habitue de bonne heure au long esclavage de la vie.

O pauvreté déplorable, au milieu de la richesse! Combat inutile de celui qui désire avancer l'être moral et intellectuel de l'homme, et lutte ainsi contre le monde! Hélas! au lieu de le satisfaire, ce monde ne reconnaît que des droits et des préceptes ; au lieu de principes vivifiants, il ne présente que de froides formules; au lieu d'une activité libre, il n'aime que la règle et la coutume, et il se vante d'une haute sagesse, lorsqu'il supprime une forme surannée, et engendre quelque chose de nouveau, qui, malgré une apparence de vie, ne deviendra que trop tôt, à son tour, formule et habitude morte! Qui pourrait me sauver, si tu n'existais pas, ô divine imagination, et si tu ne me donnais le pressentiment assuré d'un meilleur avenir?

Oui, une civilisation digne de l'humanité sortira de la barbarie, et la vie du sommeil de la mort! Déjà, ils existent les éléments d'une condition meilleure. La force vivifiante, qui est en l'homme, ne demeurera pas toujours assoupie et cachée ; tôt ou tard, elle sera réveillée par l'esprit, qui est l'âme de l'humanité. De même que la civilisation actuelle du monde, dans ses rapports avec l'homme, est au-dessus de cette domination sauvage de la nature, alors qu'il fuyait timidement, en en voyant les forces se manifester : de même aussi, l'époque bienheureuse de la véritable union des esprits ne saurait être plus longtemps éloignée de ces années d'enfance de l'humanité. L'esclave grossier de la nature n'aurait pas cru qu'on parvînt un jour à la soumettre, il n'aurait pas compris que le pressentiment d'un tel avenir pût si fort élever l'âme du prophète qui l'aurait prédit : car, il ne pouvait pas même se figurer un état, pour lequel il n'éprouvait aucun désir. Or, l'intelligence de l'homme d'aujourd'hui demeure également fermée, quand on lui présente de nouveaux buts, quand on lui parle d'autres liaisons, et d'une société différente de celle qui existe : il ne saisit pas ce qu'on peut vouloir de meilleur et de plus élevé ; et il ne craint pas qu'il arrive jamais rien qui humilie profondément son orgueil et sa nonchalante satisfaction. Si notre prospérité actuelle, et tant vantée, a pris sa source dans cette misère, qui montre à peine les premiers germes d'une condition meilleure, même à l'œil rendu attentif par les résultats obtenus : comment un monde nouveau, empire sublime du perfectionnement intellectuel et moral, ne jaillirait-il pas du chaos de notre fausse civilisation, dans laquelle l'œil, perçant déjà le nuage qui l'enveloppe, aperçoit les premiers éléments de ce monde? Oui, un jour il apparaîtra! Pourquoi compter, en tremblant, les heures qui s'écouleront encore, et les générations qui doivent passer? Que m'importe le temps, puisque ma vie intérieure ne lui est pas enchaînée?

L'homme appartient au monde, à la création duquel il a concouru. Ce monde embrasse toute l'étendue de sa volonté et de ses pensées, et c'est au delà seulement qu'il est un étranger. Quiconque vit satisfait du temps présent, et ne désire pas autre chose, est contemporain de ces demi-barbares, qui jadis en ont posé les premiers fondements ; il continue leur vie, jouit de l'accomplissement de leurs vœux, mais n'obtient pas un mieux qu'ils ne pouvaient atteindre.

Pour moi, je suis étranger à la vie et à la manière de penser de la génération actuelle. Je suis le prophète d'un monde à venir, vers lequel je me sens attiré par la vivacité de mon imagination, et par la puissance de ma foi; je lui appartiens par chacune de mes actions, par chacune de mes pensées. Je demeure indifférent à ce que fait ou souffre le monde actuel; il est bien au-dessous de moi, et me semble petit : mon œil en domine aisément les sentiers, malgré les contours immenses et tortueux qu'ils décrivent. Au sortir de toutes les secousses, qu'il éprouve dans le champ de la vie et de la science, ce monde reste sans cesse le même, et revient toujours au même point : faisant ainsi voir, avec évidence, combien il est borné, et combien est étroite sa sphère d'action. Ce qui provient de lui, n'ayant point la puissance de le faire avancer, continue à le mouvoir dans son ancien cercle : or, je ne saurais m'en réjouir, l'apparence la plus favorable ne me trompe point par une vaine attente.

Cependant, partout où je vois une étincelle du feu caché, qui, tôt ou tard, consumera ce qui a vieilli, et renouvellera le monde, je me sens attiré, en amour et en espérance, comme vers les signes chéris d'une patrie lointaine. Même là où je suis, on verra brûler les saintes flammes avec une lumière nouvelle : avertissement terrible pour les esclaves superstitieux de ce monde, et témoignage de la présence de l'esprit pour les hommes sensés ? Qu'ils s'approchent donc en amour et en espérance, ceux qui, comme moi, appartiennent à l'avenir ! Que leurs actions et leurs discours contribuent, à la fois, à resserrer et à étendre la belle alliance des conjurés pour un temps meilleur !

Le monde toutefois augmente, autant qu'il est en lui, les difficultés de cette alliance ; il empêche les cœurs qui sympathisent de se reconnaître, et il s'efforce de corrompre la semence de cet avenir plus parfait. L'acte, qui a dû sa source à la pensée la plus pure, donne lieu à mille interprétations ; et, souvent, l'action morale la plus simple est confondue avec les efforts ténébreux de la multitude. Trop de gens se parent d'un faux éclat, afin de paraître meilleurs, pour qu'on doive aisément se fier à ces apparences. C'est avec raison qu'on refuse d'y croire à la légère, quand on cherche des frères en esprit. Aussi arrive-t-il que des hommes, unis par les mêmes sentiments, passent à côté les uns des autres, sans se connaître : car le temps et le monde foulent aux pieds la franchise dans la confiance.

Prends donc courage, et espère ! Tu n'es pas le seul enraciné dans un terrain profond, qui, plus tard seulement, formera la surface du sol. La semence de l'avenir germe de toutes parts ! Ne te lasse pas de chercher : il est tel homme, que tu trouveras encore, et tel autre que tu connaîtras enfin, après t'être longtemps trompé sur son compte. Il en est tel aussi qui te reconnaîtra ; en dépit du monde, la défiance et le soupçon finissent enfin par disparaître, quand, d'une part, la conduite ne change point, et que, de l'autre, un pressentiment invariable fait de fréquents appels à l'âme pieuse de celui-là, comme à celle d'un frère. Imprime hardiment le sceau de ton esprit à chacun de tes actes, afin que ceux qui sont proches te trouvent ! dis ouvertement dans le monde la pensée de ton cœur, afin que ceux qui sont éloignés t'entendent aussi !

Il est vrai, cependant, que le charme du langage sert encore plus au monde qu'à nous-mêmes. Il offre des signes nombreux et précis, pour en rendre toutes les pensées et tous les sentiments ; c'est le miroir le plus fidèle du temps, c'est un instrument ingénieux, qui en donne à connaître le caractère.

Pour nous, le langage est encore grossier et inculte, il est un moyen d'union imparfait. Et d'abord, longtemps il empêche l'esprit d'arriver à la contemplation de lui-même, et il est cause que celui-ci commence par appartenir au monde, des piéges duquel il ne peut ensuite s'arracher qu'avec lenteur. L'esprit, toutefois, parvient-il à la connaissance de la vérité, malgré l'erreur et le bouleversement de sa nature, qui sont l'œuvre du langage : alors, celui-ci transporte fallacieusement la guerre sur un autre terrain ; il tient l'esprit étroitement lié, afin qu'il ne puisse se communiquer à personne, ni recevoir de la nourriture d'aucun autre. Il faut que l'esprit cherche beaucoup, au milieu de l'abondance, avant de trouver un signe qui ne soit point suspect, et sous l'appui duquel il donne cours à ses pensées les plus intimes. Aussitôt les ennemis se saisissent de ce signe, ils en altèrent le sens, et celui à qui il est adressé doute prudemment de sa véritable origine. Des réponses franchissent bien les distances, et arrivent au solitaire : mais, il n'est point sûr qu'elles signifient réellement ce qu'elles expriment, et il ignore si elles ont été écrites par la main d'amis ou d'ennemis.

Faut-il donc que le langage soit un bien commun aux enfants de l'esprit et aux enfants du siècle! Faut-il donc que ces derniers aient l'apparence de s'instruire avec ardeur dans la vraie sagesse! — Non, non : ils ne réussiront point à jeter le trouble et la frayeur dans nos âmes! C'est là le grand combat, que nous avons à soutenir pour les saintes bannières de l'humanité : nous devons les conserver pour un avenir meilleur, pour les générations qui vont suivre. C'est là un combat décisif; mais c'est aussi un jeu sûr, au-dessus des chances de la fortune, et qui ne peut se gagner que par la vigueur de l'esprit, et par un talent véritable.

Les mœurs doivent servir de vêtement et d'enveloppe à l'individualité intérieure, s'adapter délicatement, et d'une manière caractérisée, à toute noble stature, annoncer la proportion des membres, et en accompagner les mouvements avec élégance.

Ne manie qu'avec respect cet ouvrage ingénieux et sublime ; donne-lui un tissu toujours plus délié, plus transparent, serre-le de plus en plus contre toi : il faudra bien alors que la tromperie prenne fin, et l'on ne tardera pas à découvrir si une nature profane et vulgaire ose paraître sous une figure noble et élevée. Le connaisseur discerne, à tous leurs mouvements, la nature et la force des membres, malgré l'enveloppe qui les couvre. C'est en vain qu'un vêtement magique présente des vides trompeurs : car, il voltige à chaque pas rapide, et dévoile le manque de proportion des formes. Ainsi, la constance et l'harmonie dans les mœurs deviendront un critère infaillible de la nature intérieure de l'esprit, et le salut secret auquel les meilleurs hommes se reconnaîtront.

Le langage doit être le représentant des

pensées les plus intimes de l'âme, et en produire au dehors les méditations les plus profondes : c'est une musique merveilleuse, qui doit exprimer la valeur que l'esprit met à chaque chose, et les divers degrés d'amour dont il est susceptible. Il en est qui peuvent abuser des signes, que nous avons reconnus à ce qu'il y a de plus élevé, et substituer au caractère sacré, dont ils doivent se revêtir, leurs pensées mesquines, et leurs sentiments bornés. Mais, autre est le ton de l'homme du monde, autre est celui de l'homme initié à la vie intérieure. Chez le sage et chez l'esclave du temps, les signes, expression des pensées, se disposent dans un ordre différent ; le dernier remonte à d'autres principes, en dérive des conséquences qui lui sont à peine connues, et qui sont fort éloignées. Que chacun se forme seulement un langage qui lui soit propre, et dont l'ensemble respire le génie, en sorte que les transitions et les conséquences, l'enchaînement des parties et les déductions à tirer, répondent exactement à la structure de son esprit, et que l'harmonie du discours rende l'accent du cœur et le fond de la pensée. Il y a encore, dans le langage vulgaire, un langage intime et sacré, que le profane n'a la puissance ni de comprendre, ni d'imiter, parce qu'on n'en trouve la clef que dans les sentiments intérieurs de l'âme : un seul passage du jeu de ses pensées, quelques accords de ses paroles, suffisent pour le trahir.

Oh ! si les sages et les bons voulaient ainsi se reconnaître à leurs mœurs et à leurs discours ! si le chaos venait à disparaître, le mur de séparation à tomber, et la guerre intérieure à éclater !..... Alors la victoire s'approcherait, le soleil se lèverait plus radieux : car, les jeunes générations, libres dans leurs jugements, et à l'abri des préventions, embrasseraient le meilleur parti. Un mouvement décisif fait seul connaître la présence de l'esprit, et des miracles seuls attestent qu'une chose porte l'empreinte divine. Alors, on verrait avec évidence que la conscience de l'activité intérieure est incomplète, lorsqu'une belle unité dans les mœurs n'existe point, ou n'est là que comme un froid déguisement, comme une difformité fardée. On verrait qu'il n'entend rien au perfectionnement individuel, et qu'il n'a jamais contemplé en lui l'humanité, l'homme pour qui le langage est pareil à la pierre, sortie de l'intérieur d'une roche, et se décomposant en minces fragments, dès qu'elle est mise à la lumière; pour qui la parole, au lieu d'exprimer les sentiments de l'âme, se résout en un vide insignifiant, en une fade beauté, et cette musique sublime en sons factices et nuls, incapables de faire connaître au dehors les propriétés réelles de l'esprit. Celui-là seul peut avoir des mœurs simples et belles, qui, haïssant les formules surannées, aspire à son propre développement, et appartient de la sorte au monde à venir. Celui-là seul peut devenir un véritable artiste du langage, qui plonge ouvertement les regards sur lui-même, et s'est emparé de l'essence intime de l'humanité.

Le respect pour ce qu'il y a de plus élevé, le commencement d'un âge meilleur, sortira enfin de la paisible toute-puissance de ces sentiments, et non de la violence étourdie de vains essais. Mes efforts dans le monde hâteront la venue de cette nouvelle ère. Je veux me décharger ainsi de mes dettes envers lui, et satisfaire à ma vocation. Mes forces se réuniront ainsi à celles de tous les élus, et mon activité libre concourra à pousser l'humanité sur la voie, qui doit la conduire à son but final.

L'AVENIR

IV

L'AVENIR

Est-il vrai que nous vivons tous, sur la terre, dans un état de dépendance, et incertains de l'avenir? Est-il vrai qu'un voile épais cache à l'homme ce qu'il deviendra, et que nos résolutions, comme nos désirs, sont le jouet de la puissance aveugle du sort, ou, si l'on veut, des caprices d'une providence supérieure : deux choses qui, dans ce cas, se confondent à mes yeux?

Ah! si mes résolutions ne sont que des désirs, sans doute l'homme est un jouet du hasard! S'il ne sait se trouver lui-même que dans le cours de sentiments fugitifs, et de pensées sans suite, telles que la réalité les produit ; s'il est occupé, toute sa vie, de la possession incertaine d'objets sensibles, de la contemplation éblouissante de l'éternel tourbillon, dans lequel il se meut avec son être et son avoir, et qu'il ne pénètre jamais plus avant dans sa nature à lui ; si, entraîné tantôt par un sentiment, tantôt par un autre, il ne voit et ne veut poursuivre et posséder que des choses extérieures et isolées, suivant que la sensation du moment l'y pousse : — alors, le destin ennemi peut lui ravir ce qu'il désire, et se jouer de ses résolutions, bien dignes d'être traitées de la sorte ; alors, il peut se plaindre de l'incertitude, car rien, pour lui, ne repose sur des bases solides ; alors, son propre aveuglement lui apparaît comme un voile épais, et il faut évidemment qu'il y ait de l'obscurité, là où la lumière de la liberté ne brille pas ; alors, il doit s'efforcer de savoir si cette fatalité, qui le domine, dépend d'une volonté supérieure à toute volonté, ou bien est le résultat nécessaire de la rencontre de plusieurs forces : mais ses tentatives sont vaines, parce qu'il se fait de fausses idées à ce double égard.

Une pensée d'effroi doit, en effet, s'emparer de l'homme, qui ne parvient jamais à se comprendre lui-même, lorsque chaque rayon de lumière, tombant sur ce chaos sans fin, lui montre avec évidence qu'il est, non un être libre, mais plutôt une dent de cette grande roue, qui, tournant sans cesse sur elle-même, l'entraîne dans sa rotation, et toutes choses avec lui. En dépit de l'expérience et de tout ce qu'il sait, il continue à se reposer sur l'espoir d'un changement favorable, ou de compassions finales : c'est là son unique refuge.

Sois la bien-venue, chaque fois que je vois trembler des esclaves, douce conscience de la liberté ! Du sein de ce repos paisible, que tu me fais goûter, je salue gaîment l'avenir, comme mon patrimoine, et non comme mon tyran : car je sais ce qu'il est, et ce qu'il apporte. Il ne me cache rien, et il s'approche, sans s'arroger sur moi aucune puissance. Les dieux de la fable, et les plus mauvais des mortels sont seuls soumis au destin, parce que les uns n'ont pas besoin d'agir sur eux-mêmes, et que les autres s'y refusent : il n'en est point ainsi de l'homme, qui dirige, comme il le doit, son activité sur son propre être.

Où sont les limites de mes forces ? où donc commence le champ terrible sur lequel il ne leur est plus permis de s'exercer ? L'impossibilité, à mes yeux, c'est ce que repousse l'union primitive de ma liberté avec ma nature. Ce qui est contraire à cette union, voilà seulement ce que je ne puis pas : et comment, d'ailleurs, pourrais-je vouloir une chose capable de faire échouer ce premier acte de ma liberté, en vertu duquel je suis ce que je suis ? Il me paraît tout à fait dans la confusion, celui qui considère comme une puissance étrangère, cette barrière, condition essentielle de son existence, de sa liberté, de sa volonté.

Suis-je aucunement gêné en dedans de ces limites ? — Sans doute, ce serait le cas, si, même dans ce qui touche au perfectionnement intellectuel et moral, je désirais expressément tel ou tel résultat dans un instant quelconque, ou si jamais une action isolée était le but de mes efforts. Alors, ce but pourrait s'éloigner de mes regards, tandis que je le poursuivrais, alors je me trouverais sous une puissance étrangère ; et, si je voulais en accuser le destin, je n'atteindrais point le véritable auteur de la faute, c'est-à-dire moi-même. Mais il est impossible que cela m'arrive, si je vis, sans oublier la nature entière de mon être.

Avancer de plus en plus dans la route où je me trouve : voilà ma volonté unique. Chacune de mes actions est un développement particulier de cette seule et même volonté ; aussi sûrement que je ne saurais être privé de la faculté d'agir, toujours il en sera ainsi, et rien n'entre dans la série de mes actions, sans se conformer à ce principe. Puis, arrive ce qui voudra ! Ma volonté dominera le destin, et en fera librement tourner à ses fins les caprices, aussi longtemps que je rapporterai exclusivement tout au but qui précède, et que les relations et les formes extérieures de la vie me laisseront indifférent, et auront, à mes yeux, une valeur égale : pourvu qu'elles soient l'expression de la nature de mon être, et qu'elles me fournissent un nouvel aliment, pour le développer et le perfectionner. Il en sera de la sorte aussi longtemps que l'œil de mon esprit embrassera, de sa toute-présence, l'ensemble de ma nature, que chaque détail m'apparaîtra seulement comme partie de cet ensemble, et que j'apercevrai dans celui-ci jusqu'au moindre détail ; aussi longtemps, enfin, que je ne perds pas de vue ce que j'interromps, que je m'intéresse encore à ce que je ne fais plus, et que je rapporte ce que je fais actuellement au but de tous mes efforts. Une telle volonté ne voit jamais son objet lui échapper, et la notion d'un destin disparaît devant elle.

D'où provient donc cette vicissitude des choses humaines, qui leur paraît si oppressive, sinon de ce que la liberté est un bien commun à tous. Par conséquent, elle est à la fois l'œuvre de la liberté, et la mienne. Comment, par mon activité, concourrais-je à préparer cette vicissitude pour d'autres, si je ne la demande pas aussi des autres, pour mon propre compte ? Oui, je la désire hautement ! Que l'avenir s'avance, et qu'il m'apporte, comme il pourra, un aliment varié pour l'activité, la manifestation et le perfectionnement de mon être ! Je ne crains rien ; tout ce qui tient à l'ordre des événements, et aux conditions extérieures qui les accompagnent, m'est indifférent. Chaque produit de l'activité commune des hommes doit aboutir à moi, m'exciter et me remuer, pour être, à son tour, mis en mouvement par moi-même. Mais je veux recevoir ces produits, et en faire usage, de manière à conserver toujours ma liberté, en manifestant et en perfectionnant mon individualité.

Serait-ce là, par hasard, une vaine illusion? L'impuissance seule se cacherait-elle derrière le sentiment de cette liberté?

C'est ainsi que les âmes vulgaires interprètent ce qu'elles ne comprennent pas! Mais, depuis longtemps pour moi, les vains discours de ceux qui ravalent leur nature se sont perdus dans les airs. A toute heure, le fait juge entre ces hommes et moi. Ils font sans cesse entendre des plaintes, en voyant le temps s'écouler, et ils appréhendent lorsqu'il vient; après quoi, ils demeurent incultes, comme auparavant, et conservent, en dépit de toute vicissitude nouvelle, la même nature vulgaire. Où trouver un seul exemple, à propos duquel ils osent affirmer qu'ils n'auraient pas pu tirer un autre parti des événements qui leur sont arrivés? Il me serait facile de les écraser plus durement encore au milieu de la douleur, et d'arracher, à leur sentiment contrit, l'aveu que ce qu'ils déplorent comme une puissance du dehors, est seulement de la paresse intérieure, et qu'ils n'ont réellement pas voulu ce qu'ils ont l'air d'avoir voulu. Tandis que je leur montrerais ainsi les limites abjectes de la conscience de leur dignité et de leur volonté, je leur enseignerais, précisément par là, à croire en l'une et l'autre.

Voilà ce qu'ils sont libres d'apprendre, ou de ne point savoir. Pour moi, rien de ce qui m'arrive, n'est capable d'empêcher mon développement, et de me repousser loin du but de mon activité : c'est là une croyance qui est vivante en moi par mes œuvres. C'est ainsi que j'ai parcouru les divers sentiers de la vie, depuis que la raison s'est saisie de mon existence, et que la liberté et la conscience intime habitent au dedans de moi. Au milieu des belles jouissances, que la liberté a fait goûter à mon jeune âge, j'ai réussi à me débarrasser de ce masque trompeur, qui me couvrait, produit d'une éducation manquée, quoique longue et pénible. J'ai appris à déplorer la courte vie de la plupart de ceux qui, même après s'en être délivrés, se laissent encore lier par de nouvelles chaînes. J'ai appris à dédaigner les vains efforts de ces hommes qui, déjà vieux et sans force, à l'époque où l'on doit avoir le plus de vigueur, ayant même perdu le souvenir du rêve si fugitif de leur liberté, ignorent les sentiments qui remuent la jeunesse, quand elle commence à se réjouir de ce qu'elle est, et sont volontiers restés fidèles à la vieille routine. C'est dans la maison étrangère que je compris, pour la première fois, ce qu'il y a de beau dans l'union des cœurs ; je vis comment la liberté pare et ennoblit les secrets les plus intimes de l'espèce humaine, tandis qu'ils demeurent toujours obscurs pour le profane, qui, souvent, les tolère comme des liens de la nature, plus qu'il ne les honore. Parmi les bigarrures les plus diverses, qu'offre le monde, j'ai appris à me soustraire à l'apparence, pour discerner un même être, quel que soit le vêtement dont il s'enveloppe, et pour interpréter les différents langages qu'il emploie, selon la sphère où il se trouve. En observant la fermentation des esprits, qui éclataient au dehors, ou s'agitaient en secret, j'ai appris à connaître le penchant qu'ont les hommes à se tenir toujours à la surface. Du sein de la retraite paisible, qui était mon partage, j'ai contemplé la nature intime de l'âme, j'ai réfléchi sur tous les buts que l'humanité s'est proposés à elle-même, sur la source unique et éternelle des essors divers que peut prendre l'esprit ; et j'ai appris, par une méditation vivante, à apprécier à sa juste valeur la lettre morte des écoles. J'ai ressenti de la joie et de la douleur, je connais le sourire et la peine ; et, depuis que je vis réellement, quelle est la seule chose, dans tout ce que j'ai éprouvé, qui n'ait pas concouru à développer mon être, et à me faire gagner de cette force. qui nourrit la vie intérieure ?

Que le passé me soit donc garant de l'avenir : évidemment, ils se confondent à mes yeux ; et quelle influence nouvelle le dernier aurait-il sur moi, pourvu que je reste le même ? Je vois positivement, et avec clarté, ce qui remplira ma vie. Je sais jusqu'à quel point je suis déjà ferme dans mon individualité, et jusqu'où je suis parvenu ; en conservant partout de l'harmonie dans mon activité, je ferai servir l'unité complète et la plénitude de mes forces à me maintenir tel que je suis. Comment ne me réjouirais-je pas des choses nouvelles et variées, qui confirment encore, sous d'autres formes, la vérité de ma conscience intime ? Ou bien, suis-je suffisamment sûr de moi-même, pour me passer d'une pareille confirmation, et pour être en droit d'aspirer à une tranquille oisiveté ? Loin de là : mais plutôt, que les souffrances et la joie, les biens et les maux selon le monde, continuent également à être pour moi les bien-venus ! Chacune de ces choses, agissant d'une manière qui lui est propre, met à nu les rapports de mon être. Pourvu que j'atteigne ce résultat, que m'importe d'être heureux ?

Je sais aussi ce qui manque à mon individualité, je connais les points où, flottant encore dans le vague et dans le général, je sens, dès longtemps et avec douleur, l'absence de vues et de règles qui m'appartiennent. C'est à en acquérir que tendent mes forces, depuis bien des années ; tôt ou tard j'y parviendrai, et je réunirai à ce que je possède déjà, le gain nouveau que j'aurai fait. Il est des sciences que je dois encore étudier, parce que, sans cela, mes vues sur le monde ne seraient jamais complètes. J'ignore un grand nombre de formes de l'humanité; il est des âges et des peuples que je ne connais que superficiellement, d'après des descriptions étrangères; dans la nature et l'esprit desquels ma propre imagination ne m'a point transporté, et qui ne prennent aucune place déterminée dans mes lumières sur le développement de la race humaine. Je ne saisis pas encore plusieurs objets d'étude, qui rentrent moins dans ma spécialité; et, souvent, je manque d'un jugement individuel sur leurs rapports avec tout ce qui est grand et beau dans l'humanité.

Or, ces connaissances, je les acquerrai en partie simultanément, en partie successivement; l'avenir le plus beau s'ouvre devant moi. Que de nobles caractères je puis contempler à mes côtés, et qui développent en eux l'humanité, d'une tout autre manière que moi! Que je suis entouré d'hommes, riches en sciences, et qui, hospitalièrement, ou par vanité, m'offrent, dans de beaux vases, les fruits dorés qu'ils ont cueillis pendant leur vie, et les végétaux d'âges et de climats lointains, qu'ils ont soigneusement transplantés dans leur patrie ! Le destin a-t-il donc le pouvoir de m'enchaîner, en sorte que je ne puisse m'approcher de mon but ? Peut-il me refuser les moyens de m'avancer, et m'éloigner du contact facile avec les efforts de la génération actuelle, et avec les monuments des âges qui l'ont précédée ? Peut-il, m'arrachant de ce bel entourage, dans lequel je vis, me lancer au milieu de solitudes stériles, où je n'aurais aucune nouvelle des autres hommes, où la nature inculte m'enfermerait étroitement, de toutes parts, dans une éternelle uniformité, et dans l'atmosphère épaisse et corrompue de laquelle mon œil ne rencontrerait rien de beau, ni de distinct ?

Voilà, sans doute, ce qui est arrivé à plusieurs; mais, il ne saurait en être de même à mon égard : je brave ce qui a fait courber des milliers de mes semblables. Ce n'est qu'en se vendant lui-même, que l'homme tombe dans la servitude, et le destin n'ose marchander que celui qui s'offre et se met à prix. Qu'est-ce qui rend l'homme inconstant, et l'attire loin des lieux favorables au développement de son âme ? Qu'est-ce qui le pousse à rejeter, avec une coupable folie, les biens les plus magnifiques, comme le nautonnier, par une tempête furieuse, jette à la mer les richesses dont son navire est chargé ? C'est un misérable amour du gain, c'est l'attrait des appétits sensuels, que, déjà réduite en vapeurs, la coupe, où l'on buvait, ne satisfait plus. Comment en serait-il ainsi de moi, qui méprise de pareilles ombres ? Après avoir gagné la place que j'occupe, à force de zèle et de fatigues ; après avoir fait servir mes efforts et ma volonté à me créer un monde particulier, dans lequel mon esprit puisse s'exercer avec avantage : comment ce lien solide serait-il brisé par un mouvement fugitif de crainte ou d'espérance ? comment une bagatelle puérile m'attirerait-elle hors de ma patrie, et du cercle des amis que j'affectionne ?

Cependant, je ne borne pas mes vœux à me conserver ce monde que je me suis créé, et à m'y rattacher toujours plus étroitement : je soupire après un monde différent. Il est des liens que je dois encore former, des sentiments nouveaux qui doivent remuer mon cœur ;

et tout cela doit s'unir, dans mon être, avec ce qui s'y trouve déjà.

J'ai vécu au milieu de toute espèce d'amitiés; j'ai goûté, avec des lèvres pures, les douces félicités de l'amour; je sais ce qui me convient sous ce double rapport, je connais mes devoirs à cet égard. Mais le plus sacré des liens doit encore m'élever à un degré de plus dans l'échelle de la vie, je dois me fondre en un seul être avec une personne aimée, afin que mon âme se réfléchisse dans une autre âme, de la manière la plus sublime, afin que je sache comment une existence plus noble et plus élevée s'accomplira en moi, lorsque ma liberté aura pris un nouvel essor, et comment l'homme ainsi régénéré commence une autre vie. Je dois entrer en possession des droits et des devoirs paternels, afin que l'influence la plus forte que la liberté puisse exercer sur des êtres libres, ne sommeille pas en moi; afin que je montre comment l'homme, qui a foi en la liberté, conserve et protége la jeune raison, et comment, dans ce grand problème, l'esprit sagace discerne habilement, dans ces êtres, ce qui est le fruit de son individualité d'avec ce qui leur appartient en propre.

Le destin ne me fera-t-il pas sentir son pouvoir, précisément à l'égard du vœu le plus cher à mon cœur ? Le monde ne se vengera-t-il pas ici des bravades de ma liberté, et de l'orgueil avec lequel j'ai dédaigné sa puissance ? Où habite celle, à la vie de qui je voudrais lier la mienne? Qui me dira où je dois fuir, pour la chercher ? car, pour un tel bien, aucun sacrifice n'est trop coûteux, aucun effort n'est trop grand. Qui me dira si je la trouverai libre, ou soumise à un pouvoir qui me la refuse, et s'il me sera possible de briser, en ma faveur, un tel joug ? Et, à supposer, que je l'obtienne : une inconcevable fatalité ne se joue-t-elle pas souvent même de l'amour le plus fidèle et le plus pur, en empêchant que le doux nom de père ne s'associe aux droits de l'époux?... Ici, chacun touche aux limites des caprices et des mystères de la nature, au-dessus desquels nous n'osons pas même souhaiter que notre vouloir domine. Mais si, avant cette extrémité, les désirs d'un autre et le cours des choses voulaient s'opposer à l'accomplissement de mes vœux : alors, je me préparerais à résister à tous deux. L'homme peut, à cet égard, beaucoup, et il surmonte bien des difficultés par l'énergie de sa volonté et par des efforts sérieux. Mais, si efforts et espérances sont inutiles, si tout se refuse à mes désirs : suis-je donc vaincu par le destin ? S'est-il réellement opposé à l'élévation de ma vie intérieure, et ses caprices ont-ils réussi à circonscrire mon développement ? L'impossibilité d'une action extérieure n'empêche pas l'activité de l'âme ; et, dans ce cas, je me trouverais, moi et celle dont le cœur répondrait au mien, moins à plaindre que le monde, qui perdrait peut-être un rare et bel exemple, un de ces phénomènes dignes de la vertu des anciens temps ou d'un avenir meilleur, capable de redonner de la chaleur et de la vie aux idées mortes de la génération actuelle.

Quand même l'amie de mon cœur ne m'est point encore connue, l'imagination cependant nous transporte l'un et l'autre dans ce beau paradis, après lequel nous soupirons : tant il est certain que nous nous appartenons mutuellement. Ce n'est pas sans utilité que j'ai vu des femmes, dont les âmes étaient, en quelque sorte, diversement trempées, et que j'ai connu les mœurs louables de leur vie modeste. J'ai mis d'autant plus de soin à sonder le domaine sacré du mariage, que j'en étais moi-même plus éloigné; je connais ce qu'il faut chercher, ou éviter; je me suis représenté les diverses formes du mariage, aussi perfectionnées qu'elles apparaîtront à l'aurore d'un avenir plus heureux, et je sais fort bien à laquelle je m'attacherai.

C'est ainsi que je connais, sans l'avoir vue, celle avec laquelle je pourrais m'unir à toujours, de la manière la plus intime : je me suis identifié avec la belle existence que nous mènerions ensemble. Tandis qu'en proie à une solitude triste et déserte, il est des choses plus ou moins importantes, qu'il me faut disposer et entreprendre, taire et renfermer en moi, et d'autres auxquelles je dois renoncer, j'ai sans cesse devant les yeux l'image vivante de cette existence, où tout, pour moi, irait autrement et mieux. Celle qui, par sa nature, pourrait m'aimer, et à qui je plairais aussi, éprouve, sans doute, les mêmes sentiments, quel que soit le lieu où elle se trouve. Un besoin réciproque de nous rencontrer, besoin qui est plus qu'un vain désir, nous arrache, elle et moi, à la vide réalité, pour laquelle elle n'est point faite ; et, quand un talisman nous réunirait tout à coup, rien ne nous serait étranger. Comme si, dès longtemps, nous étions habitués à ces doux liens, nous marcherions, d'un pas léger, au milieu des charmes d'une telle vie. Mais, ce coup magique ne nous est pas même nécessaire. pour que nous en jouissions. C'est par elle, et pour elle, que nous sommes formés, et il n'y a que l'image extérieure qui nous manque, et qui échappe aux regards du monde.

Oh ! si les hommes savaient employer cette force divine de l'imagination, qui, seule, rend à l'esprit la liberté, le transporte bien au delà de toute puissance et de toute barrière, et sans laquelle la sphère de l'homme se rétrécit douloureusement ! De combien de choses est-il donc agité, pendant le cours de cette vie rapide ? Ou plutôt, sous combien de rapports ne resterait-il pas dans un état de vague et d'ignorance, s'il ne dirigeait son activité intérieure que sur le petit nombre d'objets qui le heurtent réellement du dehors ? —

Mais ils sont si sensuels dans leurs mœurs. qu'ils n'ont une pleine foi que dans les choses où l'image extérieure de leur activité est pour eux une garantie de la vérité de leur sentiment.

En vain, celui qui fixe ainsi des bornes à son esprit, habite-t-il au milieu de la grande société des hommes! Il ne lui sert de rien d'en pouvoir contempler les actions et la vie. et il doit proférer d'inutiles plaintes, sur la désespérante inertie et sur les mouvements épuisés du monde. Sans cesse, il voudrait renouveler les relations diverses où il se trouve, il attend du dehors d'autres mobiles qui le fassent agir, et désire de nouveaux amis, lorsque les anciens ont opéré sur son cœur ce qu'ils pouvaient : sous tous les rapports, en un mot, la vie lui paraît s'avancer avec trop de lenteur. Et, quand même elle le conduirait, d'un pas plus rapide, à travers mille chemins variés : l'infini pourrait-il donc s'épuiser pendant la courte durée du temps ?

Ce que ces hommes ne peuvent jamais atteindre de leurs vœux, en suivant une telle route, je l'obtiens par la force de mon imagination. Elle remplace, à mes yeux, ce que la réalité me refuse ; elle m'identifie avec les rapports divers, dans lesquels j'aperçois un de mes semblables ; mon esprit se meut au dedans de moi, donne à ces rapports une forme en harmonie avec la nature qui lui est propre, et se représente avec exactitude comment il agirait, dans chaque cas donné. On ne peut certainement pas se fier au jugement ordinaire des hommes, sur la vie et les actions des autres, parce qu'il est calculé avec des lettres mortes et d'après de vaines formules, et qu'ils agissent ensuite d'une manière toute différente de ce jugement. Mais comme cela doit être là où il existe une véritable vie, l'activité intérieure a-t-elle dirigé les mouvements de l'imagination, et le fait ainsi représenté est-il une expression pure de l'état habituel de cette activité : alors, les objets, vus de la sorte, ont contribué au développement de l'esprit, tout aussi bien que s'ils en eussent été réellement la propriété, et que s'il se fût exercé au dehors. En vertu de cette activité intérieure, je continue à prendre possession du monde entier ; et, livré à une tranquille contemplation, je profite de tout, bien mieux que si chaque image, se succédant avec rapidité, devait encore être accompagnée d'un fait extérieur. De cette manière, les rapports s'impriment plus profondément, l'esprit les saisit avec plus de netteté, et l'expression de mon individualité se réfléchit plus pure dans un jugement libre et sans prévention. Les événements de la vie extérieure ne sont qu'une confirmation et une preuve de la vie intérieure, plus ancienne et plus riche; mais le développement de l'esprit n'est pas borné à la mesure étroite de la première.

C'est pourquoi, je ne saurais pas plus me plaindre de la paresse du destin, que de son cours rapide et sinueux. Je sais que ma vie au dehors ne peut être, sous toutes les faces, une image fidèle et accomplie de mon âme. Jamais, elle ne me placera dans des circonstances telles, que mes actions suffisent pour décider du bonheur ou du malheur de quelques milliers de mes semblables, et que le monde puisse être convaincu que tout, à mes yeux, n'est rien en comparaison d'un idéal sublime et sacré de la raison. Jamais, peut-être, je n'entrerai en guerre ouverte avec le monde, et je ne pourrai lui montrer combien tout ce qu'il lui est permis de donner et de prendre, trouble peu la paix intérieure et la tranquille unité de mon être. Je pense, toutefois, ne point ignorer comment j'agirais, même à cet égard, et je sais que mon âme est, depuis longtemps, préparée pour tout cela.

Ainsi, je vis à la fois dans une secrète obscurité, et sur la grande scène du monde. Ainsi, dans ma solitude, j'ai déjà contracté des liens avec l'âme que j'aime, je vis avec elle dans une douce communauté, et c'est en cela que consiste la meilleure partie de ma vie. Ainsi encore, je conserverai certainement l'affection de mes amis, ce bien unique et précieux, quel que soit l'avenir qui nous attende, eux et moi.

Les hommes craignent que l'amitié ne dure guère. Le cœur leur paraît inconstant : un ami, disent-ils, peut changer, une ancienne affection s'évanouit avec les sentiments qui l'ont fait naître, et la fidélité est un bien rare.

Ils disent vrai. Quand les hommes s'attachent à autre chose qu'à ce qui leur est utile, ils se laissent séduire par l'apparence, si propre à voiler les cœurs, et font cas de telle ou telle vertu, dont ils n'ont jamais sondé l'essence. Puis, quand leurs illusions disparaissent, au milieu des perplexités de la vie, ils n'ont pas honte d'avouer, après de longues années, qu'ils se sont trompés dans leur attachement.

Pour moi, il ne m'a été donné ni un beau corps, ni ce qui attire le cœur des hommes, au premier regard. Cependant, celui qui ne connaît pas l'intérieur de mon âme, se fait aussi de fausses idées sur mon compte. On aime, en ma personne, certaine bonté de cœur que je voudrais ne point avoir ; on prête à mon caractère une espèce de modestie qu'il n'a pas, et même une sorte de sagesse que je déteste du fond de l'âme. Aussi, des affections de ce genre m'ont abandonné maintes fois : ce n'est pas non plus un bien, qui me soit cher. Je ne regarde comme m'appartenant que les produits de mon activité, sans cesse renouvelés en moi : comment verrais-je ma propriété dans ce qui doit sa source aux illusions d'une vue bornée? — Je me sens pur, en ce que je ne les trompe point : mais, certes, la fausse amitié ne doit pas me poursuivre plus longtemps que je ne le puis supporter. Pour me délivrer du tourment d'être pris pour un des leurs, et d'être aimé par ceux qui devraient se détourner de moi, il suffit d'une seule manifestation de mon être intérieur, sur laquelle ils ne puissent pas se méprendre : je n'ai qu'à diriger leur attention sur l'objet auquel je tiens le plus, et que, de leur côté, ils ne sauraient souffrir. Je leur rends volontiers la liberté, qui s'était laissé séduire par une apparence trompeuse. Mais je puis compter sur ceux qui veulent réellement m'aimer, en s'attachant au fond de mon être : mon âme les embrasse avec force, et ne les quittera jamais. Ils ont su me reconnaître, et ils ont lu dans mon cœur : or, ceux qui, une fois, parviennent à l'aimer tel qu'il est, l'aimeront d'une manière toujours plus sincère et plus intime, à mesure qu'il se développera devant eux, et prendra un caractère plus déterminé.

C'est là un bien, dont je suis aussi sûr que

de ma propre existence : jusqu'à ce jour, je n'ai perdu aucun de ceux que l'amitié m'a rendus chers. —

Toi, qui nous fus enlevé dans la fraîcheur de la jeunesse, et au milieu des joies de la vie. ah ! permets que je m'adresse à ton image chérie, qui habite au dedans de mon âme, et partage encore mon amour et mes peines ! Non : jamais mon cœur ne t'a quitté. Je t'ai développé, dans mon imagination, comme tu te serais développé toi-même, si tu eusses assez vécu, pour être témoin de ces flammes nouvelles qui embrasent le monde. Tes pensées se sont unies aux miennes ; nos tendres entretiens, doux échanges de nos sentiments, n'ont point cessé, et ils influent sur moi, comme si tu vivais encore à mes côtés. — Vous, mes amis, qui, loin de moi, tardez encore ici-bas, et qui, souvent, m'envoyez une fidèle image de vos sentiments et de votre vie : oh ! dites-le, que nous importe la distance ? Longtemps, nous fûmes rapprochés, et nous étions moins présents les uns aux autres, que nous ne le sommes aujourd'hui : car, qu'est-ce que la présence, si ce n'est l'union des cœurs ? Mon imagination se représente ce qui, dans votre vie, échappe à mes yeux. Je vous sens près de moi, dans toutes les choses qui, au dedans et autour de ma personne, doivent remuer votre âme : quelques mots suffisent pour me confirmer dans mon jugement, ou pour me conduire sur la trace de la vérité, là où l'erreur est encore possible. — Et vous, qui m'entourez maintenant avec une douce affection, vous savez combien peu je suis tourmenté de l'envie de parcourir la terre. Je tiens ferme au lieu où je suis, et je n'abandonnerai pas le beau privilége de pouvoir, à chaque instant, échanger avec vous mes sentiments et mes pensées. Vivre dans une telle union, c'est mon paradis à moi. Nourrissez-vous en votre âme quelque projet de séparation : eh bien, nous ne serons pourtant pas éloignés les uns des autres. Mais la mort..... La mort! qu'est-ce autre chose, sinon une séparation d'une plus longue durée?

Pensée sombre toutefois, qui vous poursuit inexorablement, dès que l'on réfléchit sur la vie et sur l'avenir ! — Sans doute, je puis l'affirmer : mes amis ne meurent pas à mon souvenir, ils vivent au dedans de mon cœur, et jamais leur influence sur moi ne périra. Mais leur mort me tue. La vie de l'amitié, c'est une série de beaux accords, dont la note principale s'évanouit quand celui auquel on était attaché vient à quitter ce monde. Un long écho se fait, à la vérité, toujours entendre au fond de l'âme, et la musique se prolonge.... Mais l'harmonie, dont elle était accompagnée, et dont j'étais le principe, est éteinte en lui : or, elle m'appartenait, comme cette musique, qui est en moi, lui appartient! Je n'agis plus sur sa personne : c'est une portion de ma vie, qui est perdue. Toute créature aimante tue, par sa mort, ceux avec lesquels elle était liée ; et quiconque a perdu beaucoup d'amis, finit, en quelque sorte, par périr de leur propre main, parce que l'âme se consume, une fois dépouillée de toute influence sur ceux qui étaient son monde, et réduite à se replier sur elle-même. Il y a deux cas où la fin de l'homme est inévitable. Le premier, c'est quand l'équilibre entre sa vie intérieure et son existence au dehors serait, de la sorte, détruit sans retour. Le second, c'est quand, arrivé au terme de son développement individuel, et entouré d'un monde plein de richesses, il n'aurait plus rien à faire au dedans de lui : un être parfaitement accompli est un dieu, il ne peut supporter le fardeau de la vie, et sa place n'est point dans le monde de l'humanité.

La mort est donc nécessaire : m'en rapprocher doit être l'œuvre de ma liberté ; et pouvoir la désirer, voilà mon but le plus haut ! Je veux me donner en entier à mes amis, et embrasser tout leur être, afin que chacun d'eux. en me quittant. s'aide à me détruire par de précieuses douleurs ; je veux aussi travailler de plus en plus à mon perfectionnement, pour faire ainsi des pas vers le désir de mourir. La mort de l'homme est toujours composée de ces deux éléments. Or, mes amis ne me quitteront pas tous, et jamais je n'atteindrai complétement le but de la perfection. De tous les côtés. cependant, je m'en approcherai avec harmonie, conformément à la nature de mon être ; c'est là un bonheur, qui m'est assuré par la paix de mon âme, et par ma vie tranquille et méditative.

Le plus haut degré où puisse arriver un

être tel que moi, c'est de faire passer dans une image du dehors son développement intérieur : car la perfection rapproche chaque caractère de ce qui lui était opposé. La pensée d'abandonner à une œuvre de l'art mon être intérieur, et, avec lui, toute la connaissance que j'ai acquise de l'humanité, est pour moi comme un pressentiment de mort. Dès que j'eus la conscience de la vigueur de mes forces, cette pensée commença à germer au dedans de moi; maintenant, elle grandit chaque jour et s'avance vers la maturité. Mais, avant qu'elle y parvienne, et que le feu de ma vie ait cessé de brûler, je prendrai, sans aucun doute, la résolution de la bannir de mon cœur. Si, au contraire, je la laissais mûrir, et que l'œuvre s'achevât : alors, au moment où cette image fidèle de ma personne apparaîtrait dans le monde, mon être lui-même devrait périr.... Il aurait achevé sa course !

JEUNESSE ET VIEILLESSE

V

JEUNESSE ET VIEILLESSE

Les coups d'une horloge m'indiquent les heures, et la marche du soleil les années : de même, je le sais, chaque jour me fait faire un pas au-devant de la mort. Mais, est-ce que je vais aussi au-devant de cette vieillesse faible et caduque, dont tous se plaignent avec tant d'amertume, lorsque insensiblement ils ont laissé passer les joies du jeune âge, et l'orgueilleux sentiment des forces et de la santé de l'âme ?

Oh ! pourquoi laissent-ils disparaître leur

âge d'or, et courbent-ils la tête, en soupirant, sous le joug qu'eux-mêmes ont préféré ?

Et moi aussi, je croyais, une fois, que les priviléges de la jeunesse ne convenaient plus à l'homme fait ; je voulais m'avancer d'un pas circonspect et prudent, et me préparer, par un sage renoncement, à l'époque plus triste du dernier âge. Mais d'étroites limites ne voulurent point suffire à mon esprit ; et je ne tardai pas à me repentir de cette vie de langueur et de jeûne. Alors, la riante jeunesse reparut, au premier appel ; et, dès lors, elle me tient constamment embrassé de ses mains protectrices. Si je savais, aujourd'hui, qu'elle dût m'échapper, comme les instants nous échappent, j'aimerais mieux me précipiter volontairement au-devant de la mort, afin que la crainte d'un mal assuré n'empoisonnât pas, pour moi, la bonne part, et qu'après tout, je ne méritasse pas une fin plus mauvaise encore, par une existence inutile.

Mais, je sais qu'il ne peut, qu'il ne doit point en être ainsi. Quoi ! la vie spirituelle, libre, dégagée de limites, devrait s'enfuir, pour moi, plus vite que la vie terrestre, qui, au premier battement de notre cœur, renferme déjà des germes de mort? Mon imagination ne devrait pas à toujours être dirigée vers le beau, avec toute la force qui lui est propre? Mon cœur cesserait d'être aimant, et porté au bien, avec la même facilité et la même promptitude? Tremblant de peur, je devrais écouter les vagues du temps, et voir comme elles m'usent et me minent, jusqu'à ce qu'enfin je tombe moi-même en ruines? Parle donc, mon cœur : dis combien de fois, avant que tout cela arrive, j'aurais encore à compter les heures, qui m'échappent maintenant, au milieu de cette lamentable pensée? Une seule ou des milliers me paraîtraient également courtes, si je pouvais les compter. Oh! que tu serais insensé de calculer, d'après le temps, la force de l'esprit, dont jamais celui-là ne peut être la mesure! Les astres ne parcourent point le même espace en un temps égal, mais tu dois chercher une mesure plus élevée, pour en comprendre le cours : et l'esprit serait soumis à des lois plus étroites que les astres? Non, il n'en est point ainsi.

Tel a été visité de bonne heure par la vieillesse grondeuse et sans espérance ; un esprit ennemi lui a enlevé les fleurs de la jeunesse, au moment où elles étaient à peine écloses. D'autres conservent longtemps leur vigueur : le feu du regard, et le gracieux sourire de leur bouche relèvent encore et parent leur tête blanchie. Pourquoi, dans une lutte heureuse, ne résisterais-je pas à la mort, même plus longtemps que celui qui a le mieux maintenu ses forces ? Pourquoi, sans compter les années, et sans voir mon corps dépérir, ne retiendrais-je pas, par ma volonté, jusqu'au dernier soupir, l'aimable déesse de la jeunesse ? A qui donc appartient-il de faire cette différence entre les années, si ce n'est à la volonté ? L'esprit a-t-il une mesure et une grandeur déterminées, pour pouvoir se dépenser et s'épuiser ? Sa force s'use-t-elle par l'action, et diminue-t-elle à chaque mouvement ? Les avares, qui ont peu agi, doivent-ils être les seuls à se réjouir longtemps de la vie ? S'il en était ainsi, le mépris et la honte seraient le partage d'une vieillesse verte et vigoureuse : car celui qui est avare dans sa jeunesse, est digne de mépris.

Si c'était là le lot et la mesure de l'homme :

alors je préférerais comprimer en un étroit espace ce qui est au pouvoir de mon esprit ; j'aimerais mieux ne jouir que d'une courte vie, pour être jeune et frais, aussi longtemps qu'elle durerait. A quoi bon répandre en petite dose les rayons de la lumière sur une grande surface ? la chaleur ne s'en fait point sentir, et ne produit aucun effet. A quoi bon être avare de ton activité, et la morceler, si tu en affaiblis par là l'intensité, et n'augmentes pas ce que tu avais ? Consacre plutôt le peu d'années, que tu as encore, à quelques actions brillantes, afin de jouir ainsi de tes forces, et d'embrasser, d'un coup d'œil, ce que tu as été.

Mais ce n'est point là notre lot et notre mesure ; de pareilles lois ne sauraient soumettre l'esprit à leurs formules. Qui pourrait en comprimer l'essor ? que perd-il de son essence, en agissant et en se communiquant ? qu'y a-t-il, qui soit capable de l'anéantir ? Chaque fois qu'il s'exerce, je me comprends mieux, je me sens plus de richesse, de force et de vigueur : car alors je m'approprie une portion de l'aliment commun de l'humanité, et ma figure se développe et se dessine avec plus de clarté. En est-il ainsi, uniquement parce que je suis encore à marcher vers les hauteurs de la vie ? Je veux l'admettre : mais, quand donc cette belle position se changera-t-elle tout à coup ? Quand l'activité mettra-t-elle un terme à mes progrès, et me fera-t-elle défaillir ? et comment un pareil changement se manifestera-t-il à moi ? S'il survient, il faudra bien que je le reconnaisse ; mais, dans ce cas, je préfère la mort, plutôt que de contempler misérablement, en moi-même, le néant de l'humanité.

Croire que l'on doit perdre un jour le courage et la force, est un mal imaginaire ; la vieillesse est un préjugé, qui n'a pas de sens : c'est le vain fruit de la triste conjecture que l'esprit dépend du corps ! Cette idée ne doit pas empoisonner ma vie. L'esprit habite-t-il donc les fibres de la chair, ou bien se confond-il avec elles, pour devenir également roide dans le cadavre, quand elles sont à un état d'ossification ? Laissez au corps ce qui appartient au corps.

Lorsque les sens viennent à s'émousser, et les images des objets de la terre à perdre de leur force : il faut bien aussi que la mémoire en souffre, et il est des appétits et des jouissances qui s'affaiblissent. Sont-ce là, toutefois, la vie de l'esprit, et cette jeunesse, dont j'honorais l'éternité? Combien il y a longtemps que je serais l'esclave de l'âge, si ces choses étaient capables de porter atteinte à mon esprit! Combien il y a longtemps que j'aurais dit un dernier adieu à la brillante jeunesse! Mais, ce qui, à la fleur de ma vie, n'a eu aucune influence sur moi, ne saurait jamais en avoir. A quoi sert à ceux qui m'entourent d'avoir un corps plus robuste, et des sens meilleurs? ne seront-ils pas toujours disposés à me rendre service, avec la même bienveillance? Pleurer sur la ruine de mon corps, serait ma dernière pensée : que m'importe ce corps? Quel malheur y aura-t-il donc à ce que j'oublie aujourd'hui ce qui arriva hier? De misérables événements d'un jour forment-ils le monde qui me convient? les idées sensibles et isolées, prenant leur source dans le cercle étroit qu'embrasse le corps, composent-elles toute la sphère de ma vie intérieure?

Il peut, à juste titre, se plaindre des privations de la vieillesse, celui qui méconnaît ainsi la destination supérieure, à laquelle il est appelé, et qui aime le jeune âge, uniquement à cause des avantages matériels que ce dernier assure. Mais, qui ose prétendre que la force des grandes et saintes pensées, émanant de l'esprit, dépende aussi du corps, et l'instinct du véritable monde, de l'usage des membres extérieurs? Ai-je besoin, pour contempler l'humanité, de cet œil, dont les nerfs s'émoussent déjà vers le milieu de la carrière? Afin que je puisse aimer tout homme digne de l'être, mon sang, qui déjà circule avec lenteur, doit-il parcourir mes artères avec plus de rapidité? La force de la volonté réside-t-elle dans la vigueur des muscles et dans la moelle de puissants os? le courage tient-il au sentiment de la santé?

Certes, ces avantages trompent ceux qui les possèdent; la mort se retire dans des retraites cachées, puis tout à coup se précipite sur eux, et s'en rend maître, avec un rire moqueur. Quel mal y a-t-il donc à ce que je sache où elle habite? Ou bien, le redoublement de la douleur, les maux de toute espèce, ont-ils le pouvoir d'opprimer l'esprit, au point de le rendre incapable de se livrer à l'activité intérieure, qui est son partage? Résister aux souffrances est aussi son œuvre; elles font éclore dans l'âme de grandes pensées, qui les combattent. Il n'y a point d'inconvénient à ce que l'esprit varie dans l'objet de son activité.

Oui, je le conserverai plein de vigueur jusqu'aux dernières années de ma vie; jamais la force, qui l'anime, ne disparaîtra. Ce qui fait maintenant ma joie, ne cessera de la faire. Ma volonté demeurera ferme, et mon imagination ne perdra point sa fraîcheur. Personne ne m'arrachera la clef magique qui m'ouvre les portes mystérieuses d'un monde plus excellent; et le feu de l'amour ne s'éteindra jamais en moi. Je ne veux point sentir les faiblesses de l'âge, si redoutées; je voue un mépris profond à tout mal qui n'atteint pas le but de mon existence, et je jure en moi-même de rester éternellement jeune.

En repoussant le mauvais, ne dédaigné-je pas aussi le bon? L'âge du vieillard, opposé à celui du jeune homme, n'est-il donc que faiblesse? Qu'est-ce que l'on révère chez les hommes à tête blanchie, même chez ceux qui ne portent aucune trace de cette éternelle jeunesse, le plus beau fruit de la liberté? Hélas! pas autre chose souvent que l'air qu'ils respiraient, et la vie qui les animait; cet air et cette vie les ont conservés, de la même manière qu'un caveau funéraire préserve longtemps un corps de la putréfaction. Et, ainsi, le peuple les vénère comme de saints cadavres. L'esprit, c'est, pour eux, l'excroissance d'une vigne, à laquelle ils donnent des qualités plus précieuses et une valeur plus élevée, à mesure qu'elle vieillit, bien que la nature en soit mauvaise.

Je me trompe : ils parlent abondamment des vertus du dernier âge, de la sagesse, de la circonspection, de l'expérience du vieillard; ils le louent de ce qu'il est déjà assez avancé dans la connaissance du monde, pour tout voir avec tranquillité et sans étonnement. Les fleurs passagères de l'humanité sont, disent-ils, la brillante jeunesse; mais le fruit parvenu à maturité, c'est le vieil âge avec tout ce qu'il apporte à l'esprit. Alors celui-ci se purifie, au plus haut degré, par l'air et par le soleil; et la nature humaine prend une forme indiquant la maturité, et promettant les jouissances les plus précieuses, à ceux qui en sont dignes...

O barbares du Nord, qui ne connaissent point le beau climat où la fleur et le fruit brillent à la fois, et où, dans une riche émulation, tous deux s'unissent éternellement! La terre est-elle donc si froide et si rebelle, pour que l'esprit ne puisse pas s'élever à cet état de développement et de richesse? Sans doute, chaque homme ne possède point à lui seul tout ce qu'il y a de bon et de beau; mais les dons sont distribués entre les hommes, et non entre les époques de la vie. Chaque homme est, pour ainsi dire, un végétal d'une espèce différente; mais, tel qu'il est, il peut, à la fois et constamment, porter des fleurs et des fruits. Il peut, et doit posséder et entretenir simultanément tout ce qui est susceptible de se réunir en lui.

Comment la sagesse et l'expérience viennent-elles à l'homme? Lui sont-elles données d'en haut, et une volonté supérieure a-t-elle décidé qu'il ne peut les recevoir, avant d'avoir prouvé que sa jeunesse est passée? — Je sens, toutefois, que je les acquiers maintenant;

ce sont précisément la fraîcheur de la jeunesse, et la vigueur de l'esprit, qui les font naître. Étendre ses observations sur tout; embrasser tout au dedans de soi; surmonter la violence de certains sentiments, afin que des larmes de joie, ou de douleur, n'obscurcissent pas l'œil de l'âme, et ne troublent pas les images qui s'y réfléchissent; passer rapidement d'un objet à l'autre, manifester une activité insatiable, imiter et copier en soi celle des autres : voilà la vie de la jeunesse, et c'est elle, en même temps, qui est la source de la sagesse et de l'expérience. Plus l'imagination est mobile, et plus prompte est l'activité de l'esprit : plus rapidement aussi toutes deux grandissent et se développent. Et alors, cette vigueur, qui les a produites, devrait-elle cesser d'être bienséante à l'homme? Ces excellentes vertus sont-elles jamais parfaites? et, quand elles ont atteint un certain degré, dans la jeunesse et par son moyen, n'ont-elles plus besoin de la même force pour croître encore davantage?

Mais les hommes se trompent, avec une vaine hypocrisie, au sujet de ce qu'ils ont de plus précieux : et cette hypocrisie repose sur la plus profonde ignorance. La mobilité de la jeunesse, disent-ils, ce sont les efforts de celui qui cherche encore : or, chercher ne convient point à l'homme qui est aux dernières limites de la vie. Il faut qu'il se pare d'une sagesse tranquille, symbole vénéré de l'accomplissement de sa carrière, et de la paix du cœur, signe de la plénitude de son intelligence. A mesure qu'on avance en âge, il ne faut point, en paraissant toujours chercher, qu'on arrive aux portes de la mort, au milieu de rires moqueurs sur notre folle entreprise.

Ainsi pense la multitude. Mais leur tranquille sagesse n'est qu'une lâche immobilité, et leur cœur paisible n'est qu'un cœur vide. Qu'il se glorifie d'avoir trouvé toutes choses, celui-là seul qui n'en a poursuivi que de mauvaises et de vulgaires! Ce que je veux connaître et posséder, est infini; et c'est seulement par un exercice constant de mon activité que je puis parvenir à une détermination complète de mon être. Cet instinct, qui pousse l'homme en avant, ne cessera jamais chez moi; il en sera de même de ce besoin, qui, sans être las des vieilles choses, va toujours au-devant des nouvelles. La gloire que j'ambitionne, c'est de me pénétrer de l'idée que mon but est infini, et de ne point rester oisif dans le cours de ma carrière; c'est de savoir qu'à une place de mon chemin je serai englouti, et toutefois, lorsque je la verrai, de ne rien changer, soit en moi, soit dans mes rapports avec ce qui m'entoure, et de ne point ralentir le pas.

Il convient donc à l'homme de fournir sa course, sans perdre la douce sérénité de la jeunesse. Je ne me croirai point vieux, avant d'être accompli : or, je ne serai jamais accompli, car je sais et je veux ce que je dois faire.

Non-seulement, les qualités qui leur font louer la vieillesse se développent dans la jeunesse, mais encore celle-là entretient à son tour la fraîcheur de celle-ci : en sorte qu'il n'y a point contradiction dans les mérites qui caractérisent ces deux âges. Tous conviennent qu'une jeune âme prospère mieux sous la garde de l'âge mûr ; de même, la force intérieure de l'homme s'embellit, quand il a atteint les biens que la vieillesse promet à l'esprit. Un œil exercé embrasse plus rapidement les objets; quiconque connaît beaucoup de choses semblables, saisit tout plus facilement; et l'amour doit être plus chaud, quand il prend sa source dans un plus haut degré de développement individuel. Je conserverai donc les forces de ma jeunesse, et j'en jouirai jusqu'à la fin. L'activité doublera ma vigueur, et je deviendrai plus aimant, à mesure que je me perfectionnerai. J'unirai le jeune âge à la vieillesse, afin que celle-ci soit également pénétrée d'une chaleur vivifiante.

De quoi se plaignent-ils donc, dans la vieillesse? Ce n'est pas sans doute des suites de l'expérience, de la sagesse et du perfectionnement. Un trésor de pensées mises en réserve peut-il tellement affaiblir l'homme, que rien d'ancien ou de nouveau ne parvienne à l'exciter? La sagesse finira-t-elle par changer son langage ferme contre le doute qui a peur, et n'ose agir? Le perfectionnement est-il une matière combustible, qui transforme l'esprit en une masse inerte?

Ce qu'ils déplorent, c'est uniquement l'absence de la jeunesse. Et pourquoi leur manque-t-elle? Parce que la vieillesse était étrangère à leurs premières années. Or, l'union doit être double. Nourris, dès à présent, ton âme des forces de la vieillesse, et qu'elles maintiennent ta vigueur, afin que, plus tard, la jeunesse te protége contre les infirmités de l'âge. La vie ne doit point être divisée, comme ils la divisent. C'est se rabaisser soi-même que de vouloir être jeune d'abord, et ensuite vieux, que de laisser exclusivement dominer ce qu'ils appellent l'esprit juvénile, et de lui faire succéder ce qui leur semble l'esprit du vieil âge : la vie ne souffre point que l'on sépare ainsi les éléments qui la composent. C'est une double activité de l'esprit, qui doit se rencontrer à tout âge ; or, le développement et la perfection, pour l'homme, consistent à avoir toujours plus la conscience de ces deux modes d'activité, malgré les différences qui les caractérisent, et à séparer clairement l'œuvre de chacune d'elles.

Pour la plante elle-même, ce qu'il y a de plus excellent, c'est la fleur, qui en accomplit l'existence avec éclat ; pour le monde, c'est le fruit, enveloppe du germe de l'espèce à venir, et don, que tout être individuel doit offrir à la nature, afin de pouvoir s'unir à elle. De même, ce qu'il y a de plus excellent pour l'homme, c'est le feu de la jeunesse : et, malheur à lui, s'il le perd ! mais, le monde préfère qu'il vieillisse, pour que les fruits parviennent plus tôt à leur maturité. Règle donc ta vie une fois pour toujours. L'âge n'apprend que trop tard aux hommes où les pousse le temps, en les enchaînant de ses liens : conduis-toi, dès aujourd'hui, dans tout ce qui appartient au monde, d'une manière conforme à cette vérité, et que ce soit là une libre détermination de ta volonté.

Dès que la fraîcheur de la vie fait librement éclore un fruit, il faut qu'il devienne une douce jouissance pour le monde, et qu'il contienne un germe productif, destiné à se développer un jour, et à former un nouvel individu. N'offre au monde que des fruits qui se détachent aisément. Ne sacrifie point, même par une fausse générosité, la plus faible partie de ton être ! Ne permets pas qu'on t'arrache la moindre fleur, ni la plus petite feuille, absorbant pour toi de la nourriture dans ce qui t'entoure ! Ne te hâte pas non plus de pousser au dehors, avec colère, une excroissance trompeuse, informe, et sans utilité, si tu viens à être piqué par un insecte nuisible. Mais tout ce qui, pour toi, n'est pas développement des membres, ou formation de nouveaux organes, regarde-le comme un véritable fruit, issu de l'amour de l'esprit, par un acte libre, témoignage de la vie qui l'anime.

Ce fruit a-t-il donné naissance à un nouvel individu : qu'il sorte peu à peu de son enveloppe, et qu'il soit formé d'après les lois de l'activité extérieure. Que la prudence et une sage circonspection fassent en sorte qu'on voie en réalité contribuer au bien du monde ce que l'amour a généreusement destiné à celui-ci. Pèse avec soin les moyens et les buts, regarde de côté et d'autre avec une sage crainte, ménage tes forces et ton travail, mets ta peine à un haut prix, attends avec patience et courage le moment favorable.

Malheur à moi, si cette vigueur de jeunesse, qui jette par terre tout ce qu'elle étreint, si cette humeur légère, qui court d'essais en essais, venait à se mêler des œuvres qui sont le partage de la vieillesse, et à faire servir à de misérables résultats, sur le domaine de l'activité extérieure, des forces qu'elle déroberait à la vie intérieure !

Qu'ils périssent seulement, ceux qui ignorent toutes les richesses de la vie, et qui, méconnaissant la nature de cette impulsion sacrée, cherchent à être jeunes dans ce qu'ils font au dehors ! Ils veulent qu'un fruit mûrisse en un instant, comme une fleur s'ouvre pendant une nuit. Un projet succède à l'autre, mais aucun ne réussit ; et, dans le cours rapide de moyens contradictoires, chaque œuvre commencée se détruit. Ont-ils, de la sorte, dissipé, en essais inutiles, la plus belle moitié de leur vie, sans avoir rien fait ni exécuté, là où tout leur but était d'exécuter et de faire : alors, ils condamnent cette humeur légère et cette fraîcheur de vie, et il ne leur reste plus que la vieillesse faible et misérable, comme elle doit être, quand la jeunesse, mise en fuite, a fini par se consumer.

Pour qu'elle ne me fuie pas de même, je ne veux point en abuser. Elle ne me servira point, mal à propos, dans des choses qui ne sont point de son ressort : je veux la retenir au dedans des limites de son empire, afin que la destruction ne s'en approche point. Elle règnera constamment en moi, avec une pleine liberté ; et toute loi, qui ne doit commander qu'au dehors, ne mettra pas des bornes à ma vie intérieure.

Je veux que tout ce qui, sans appartenir au monde, agit en moi et sur moi, et fait partie de mon propre développement, porte éternellement les marques de la jeunesse, et suive les inspirations de mon âme, au milieu d'une joie douce et tranquille.

Ne te soumets à aucune règle, lorsque tu te livres à la contemplation, ou que tu cherches à comprendre une chose, lorsque tu pénètres dans ton intérieur, ou que tu portes les regards au dehors. Dédaigne hautement toute autorité étrangère, et chasse la pensée qui veut fixer, par des lettres mortes, les phases de ta vie, produits de la liberté. Ne te laisse pas dire que telle chose doit d'abord être achevée, puis telle autre.

Marche en avant, d'un pas léger, quand et comme cela te plaît : mais que tout ce que tu as fait, vive et demeure en toi, afin que tu le retrouves, quand tu reviendras.

Ne t'effraie pas sur les suites de ce que tu pourrais entreprendre. Tout ce que tu feras, portera le cachet de ta seule individualité ; car ce que tu peux vouloir, appartient aussi à ta vie.

Non : ne modère point ton activité ! Conserve à toujours ta vigueur : les seules forces, capables de se perdre, sont celles que tu concentrerais en toi-même, sans en faire usage.

Ne désire pas une chose maintenant, afin de pouvoir ensuite en désirer une autre. Esprit libre que tu es, rougis d'employer la première à la seconde : rien en toi ne doit servir de moyen, car tout a la même valeur. C'est pourquoi, estime chacun de tes progrès, en raison de ce qu'il est en lui-même. Folle illusion, que d'être obligé de vouloir ce que tu ne veux pas !

Ne souffre pas que le monde t'impose ni ce que tu dois faire pour lui, ni l'époque à laquelle tu dois l'accomplir.

Ris avec orgueil de la modération insensée, jeune homme plein de vigueur, et ne souffre pas l'oppression. Tout est liberté en toi : car c'est de ton activité intérieure que doit sortir toute résolution en harmonie avec cette liberté. Ne fais que ce qui est le fruit d'un désir et d'un amour libres, et part du fond du cœur.

Ne permets pas qu'on fixe à ton amour ni limites, ni mesure, ni mode, ni durée d'action. S'il est ta propriété, qui pourrait le réclamer? Si la loi n'en habite qu'en toi, qui est-ce qui commande au dedans de ton âme? Rougis de céder à l'opinion d'autrui dans ce qu'il y a de plus sacré. Rougis de la fausse honte, d'après laquelle tu redouterais qu'ils ne te comprissent pas, si, interrogé par l'un d'eux, tu venais à répondre : « Voilà pourquoi j'aime ! »

Ne laisse pas troubler, par un événement extérieur quelconque, la joie et la vie de ton âme. Qui voudrait mélanger des choses hétérogènes, et devenir morose au dedans de soi ? Ne te chagrine point, si tu ne peux pas être ceci, ni faire cela. Qui voudrait poursuivre de vains désirs ce qui est impossible, ou porter un œil de convoitise sur le bien d'autrui?

C'est ainsi que la fraîcheur et la liberté distinguent ma vie intérieure ! Quand, et comment le temps et le destin m'enseigneraient-ils une autre sagesse ?

Je conserve au monde les droits qui lui appartiennent : dans ce que je fais au dehors, je recherche l'ordre et la sagesse, la circonspection et la mesure. Pourquoi donc devrais-je rejeter ce qui s'offre facilement et volontiers à moi, ce qui est le produit libre de mon être et de mon activité intérieure ? Celui qui contemple le monde, gagne toutes ces choses abondamment et sans peine.

Mais par la contemplation de soi-même, l'homme triomphe du découragement et de la faiblesse : car le sentiment de la liberté et de l'activité de l'âme donne naissance à une joie et à une jeunesse éternelles.

Telle est la conquête que j'ai faite : je ne l'abandonnerai jamais. C'est pourquoi je souris, en sentant ma vue dépérir, et en voyant germer une blanche chevelure au milieu de mes boucles encore blondes. Rien de ce qui peut arriver n'est capable de me serrer le cœur : le pouls de ma vie intérieure battra avec la même force jusqu'à la mort.

FIN.

TABLE

Pages.

Avant-propos de la première édition. v

Dédicace 9

I. Méditation 13

II. Examen. 41

III. Le Monde. 81

IV. L'Avenir 117

V. Jeunesse et Vieillesse 149

OUVRAGES DE G. ELIOT

Traduits par d'ALBERT-DURADE

Adam Bede. 2 volumes : 7 fr.

La Famille Tulliver ou le Moulin sur la Floss. 2 volumes : 6 fr.

Silas Marner, le Tisserand de Raveloe. 1 vol. 3 fr. 50.

*** Peut-être y a-t-il plusieurs de mes lecteurs qui n'ont jamais entendu prononcer le nom de George Eliot ; et cependant George Eliot est le premier romancier de l'Angleterre : ses ouvrages y sont attendus comme des événements, et son talent, bien loin de s'épuiser, semble, dans chaque production nouvelle, se montrer plus varié et plus vigoureux.

Edmond SCHERER,
Dans ses Études critiques sur la littérature contemporaine.

G.-H. DE SCHUBERT

Lettres originales de Mme la Duchesse d'Orléans, Hélène de Mecklembourg-Schwerin et Souvenirs biographiques.

TRADUIT DE L'ALLEMAND, AVEC PORTRAIT

In-8 : 6 fr.

*** Ne pas confondre avec la biographie publiée par Mme la marquise d'H. Ces deux productions portent chacune le sceau de leur origine et se complètent. L'ouvrage de M. Schubert offre une triple source d'intérêt, — d'abord des renseignements plus complets sur l'éducation de la princesse de Mecklembourg jusqu'à son mariage, — puis environ quatre-vingts lettres adressées par elle à M. de Schubert, à Mme la grande-duchesse héréditaire, sa mère ; enfin, et surtout le point de vue exclusivement religieux de l'auteur, qui est en parfaite harmonie avec les convictions de Mme la duchesse d'Orléans.

M. de Schubert, plus que personne, avait mission pour révéler au monde tous les trésors de cette âme si pure, si résignée à la volonté de Dieu.

LA RUSSIE

ORTHODOXE ET PROTESTANTE

Par Frédéric de ROUGEMONT

In-8 : 2 fr.

MERLE D'AUBIGNÉ

CARACTÈRE DU RÉFORMATEUR ET DE LA RÉFORMATION DE GENÈVE

In-8 : 1 franc.

S. PREISWERK

GRAMMAIRE HÉBRAIQUE

précédée d'un Précis historique sur la langue hébraïque

2me édition revue et corrigée : 6 fr.

SCHILLER

LA CLOCHE

Traduite pour la première fois par H.-F. AMIEL

In-12 : 1 fr.

JUSTE OLIVIER

LES CHANSONS LOINTAINES

Poëmes et poésies, nouvelle édition illustrée, accompagnée de musique ; in-8 : 6 fr.

EN ALLEMAND :

Goltz (H. Freiherr von) Die reformirte Kirche Genfs im 19ten Jahrhundert : 6 fr.

Hagenbach (K.-R.) Predigten. 8 vol. in-8 : 15 fr.

De Wette (W.-M.-L.) Predigten. 5 v. in-8 : 7 fr. 50.

Blumhardt (Ch.-G.) Versuch einer allg. Missionsgeschichte der Kirche Christi. 5 vol. in-8 : 11 fr.

Knapp (Alb.) Christliche Gedichte. 4 v. in-8 : 7 fr. 50.

Lobstein. Geheimnisse des Herzens. 15 Betrachtungen aus dem Französischen : 2 fr.

Bungener. König und Prediger. Deutsche Uebersetzung von *Un sermon sous Louis XIV* : 3 fr. 50.

www.ingramcontent.com/pod-product-compliance
Lightning Source LLC
Chambersburg PA
CBHW072042090426
42733CB00032B/2061